Vorwort

Lesekompetenz

Lesekompetenz bedeutet, dass man geschriebene Texte verstehen, nutzen und über sie reflektieren kann, um eigene Ziele zu erreichen, das eigene Wissen und Potenzial weiterzuentwickeln und am gesellschaftlichen Leben teilzuhaben.
Dieser Band erleichtert die Unterrichtsvorbereitung zum Leseunterricht, weil er mithilfe motivierender Texte und anschaulicher Arbeitsblätter die Lesekompetenz schult. Zwölf verschiedene Lesetexte zu unterschiedlichen Textsorten enthalten vielfältige und abwechslungsreiche Übungen zur Entwicklung von **Lesefertigkeit** wie wortgenaues, flüssiges und klanggestaltendes Lesen. Die Arbeitsaufträge zur Klärung von Inhalt, Gehalt und zum Betrachten von Sprache fördern die **Lesefähigkeit**. Beim sinnerfassenden Lesen kommen die Anforderungsstufen Reproduktion, Reorganisation, Transferleistungen und problemlösendes Denken zum Tragen. Die Texte und Fragen orientieren sich am Kompetenzstufenmodell PISA, das durch fünf Kompetenzstufen definiert ist.

Lesekompetenzstufen (LKS)

Kompetenzstufe I: Oberflächliches Verständnis einfacher Texte
Schüler und Schülerinnen, die über Kompetenzstufe I nicht hinauskommen, können mit einfachen Texten umgehen, die ihnen in Inhalt und Form vertraut sind. Die zur Bewältigung der Leseaufgabe notwendige Information im Text muss deutlich erkennbar sein, und der Text darf nur wenig konkurrierende Elemente enthalten, die von der relevanten Information ablenken könnten. Es können nur offensichtliche Verbindungen zwischen dem Gelesenen und allgemein bekanntem Alltagswissen hergestellt werden. Diese Kompetenzstufe bezeichnet lediglich elementare Lesefähigkeiten.

Kompetenzstufe II: Herstellen einfacher Verknüpfungen
Schülerinnen und Schüler, die Kompetenzstufe II erreichen, sind in der Lage, einfache Verknüpfungen zwischen verschiedenen Teilen eines Textes herzustellen und mit einer begrenzten Anzahl von konkurrierenden Informationen umzugehen. Sie verfügen auch über die Fähigkeit, die Bedeutung einzelner Elemente durch einfache Schlussfolgerungen zu schließen. Auf dieser Grundlage kann der Hauptgedanke eines im Hinblick auf Inhalt und Form relativ vertrauten Textes identifiziert und ein grobes Verständnis des Textes entwickelt werden. Die gelesenen Informationen können mit Alltagswissen in Beziehung gesetzt und unter Bezugnahme auf persönliche Erfahrungen und Einstellungen beurteilt werden.

Kompetenzstufe III: Integration von Textelementen und Schlussfolgerungen
Schülerinnen und Schüler, deren Leistungen der Kompetenzstufe III entsprechen, sind in der Lage, verschiedene Teile des Textes zu integrieren, auch wenn die einzubeziehende Information wenig offensichtlich ist, mehrere Kriterien zu erfüllen hat und ihre Bedeutung teilweise indirekt erschlossen werden muss. Die Schülerinnen und Schüler können mit relativ auffälligen konkurrierenden Informationen umgehen. Sie sind in der Lage, ein genaues Verständnis von Texten mittleren Komplexitätsgrades zu entwickeln und spezifisches Wissen gezielt zu nutzen, um das Gelesene auf dieser Grundlage zu beurteilen.

Kompetenzstufe IV: Detailliertes Verständnis komplexer Texte
Schülerinnen und Schüler, die Kompetenzstufe IV erreicht haben, können mit Texten umgehen, die ihnen im Hinblick auf Inhalt und Form relativ unvertraut sind. Sie sind in der Lage, eingebettete Informationen zu nutzen und sie den Anforderungen der Aufgabe entsprechend zu organisieren. Potenzielle Hürden wie Mehrdeutigkeiten, Sprachnuancen oder den eigenen Erwartungen widersprechende Elemente können diese Schülerinnen und Schüler weitgehend bewältigen. Sie sind in der Lage, ein genaues Verständnis komplexer, relativ langer Texte zu erreichen und diese unter Rückgriff auf externes Wissen zu beurteilen.

Kompetenzstufe V: Flexible Nutzung unvertrauter, komplexer Texte
Bei Schülerinnen und Schülern, die sich auf Kompetenzstufe V befinden, handelt es sich um Expertenleser, die auch komplexe, unvertraute und lange Texte für verschiedene Zwecke flexibel nutzen können. Sie sind in der Lage, solche Texte vollständig und detailliert zu verstehen. Dieses Verständnis schließt auch Elemente ein, die außerhalb des Hauptteils des Textes liegen und in starkem Widerspruch zu den eigenen Erwartungen stehen. Die Bedeutung feiner sprachlicher Nuancen wird angemessen interpretiert. Diese Schülerinnen und Schüler sind in der Lage, das Gelesene in ihr Vorwissen aus verschiedenen Bereichen einzubetten und den Text auf dieser Grundlage kritisch zu bewerten.

Leseproben Notenschlüssel:

Note 1: 50–45	Note 4: 29,5–21
Note 2: 44,5–38	Note 5: 20,5–10
Note 3: 37,5–30	Note 6: 9,5–0

Inhaltsverzeichnis

Die Brücke
(Reinhold Ziegler)

Sie hatten nicht erwartet, dass es über eine solch gigantische Brücke auch einen Fußweg geben könnte. Schon aus mehreren Kilometern Entfernung sah man die Pfeiler in den Himmel stechen, die baumdicken Kabel bildeten ein Netz, als wollte die Brücke nicht nur im hohen Bogen die Seinemündung überqueren, sondern auch noch die Luft sieben, die von Paris aus übers Meer entlassen wurde.

Doch Jans Mutter litt unter solcher Höhenangst, dass selbst ein Kaffeetrinken auf dem häuslichen Balkon für sie mehr Stress als Erholung bedeutete, für sie kam die Brücke nicht in Frage. Susan, Jans Schwester, schmollte seit Paris, wo sie gerne noch ein paar Tage länger geblieben wäre, pubertierend vor sich hin und zog beleidigt eine Stunde auf dem brütend heißen Parkplatz der kleinen Wanderung zum Scheitel der Riesenbrücke vor.

Jan hatte nichts übrig, für solche Kindereien. Mit frischem Abitur in der Tasche hatte er dem letzten gemeinsamen Urlaub mit den Eltern zugestimmt, nun wollte er auch zeigen, dass es ihm Ernst war mit ‚gemeinsam'.

„Ich bin dabei!", sagte er deswegen, als ihn der Vater fragte, ob wenigstens er mitkäme, denn der ließ nur ungern eine Gelegenheit aus, technische Großtaten im Detail zu besichtigen.

Der Weg neben den Fahrspuren war zu schmal, um nebeneinander laufen zu können. Jan folgte dem Rücken seines Vaters, bemerkte, wie zum ersten Mal auch bei ihm dieses merkwürdige Schlenkern der Arme, für das er selbst so oft gehänselt wurde. Er versuchte seine Arme unter Kontrolle zu bringen, aber es war nur möglich, wenn er bewusst daran dachte. Sobald seine Gedanken sich mit anderen Dingen beschäftigten, mit dem leichten Beben, das jeder Lastwagen verursachte, oder mit dem ohrenbetäubendem Lärm, den die Fahrzeugflut von und nach Le Havre hier oben erzeugte, begannen seine Arme wieder zu pendeln wie die Seile, die sie manchmal in der Turnstunde von der Hallendecke gelassen hatten.

Jan musste lachen beim Gedanken daran, dass es ein Gen geben könnte, das für unkontrolliertes Schlenkern von Unterarmen zuständig war. Es gab mehr in diesen 75 Kilo Körpermasse, als die zwei Jahre Biochemie-Leistungskurs vermitteln konnten, und für einen Augenblick dachte er an das, was er unter Gott verstand oder verstehen wollte.

Mit dem da vorne hatte er nie über Gott gesprochen. Merkwürdig, er teilte sich mit ihm das Schlenkern der Arme, aber jeder hatte seinen eigenen Gott, wenn überhaupt.

Plötzlich drehte sich der Vater um, sah ihn an, lachte. So etwas wie Kleinbubenglück leuchtete für einen Moment in seinen Augen auf.

„Wir sind gleich oben!", schrie er durch den Lärm der Autos, die dicht an dicht die Fahrbahn hinaufdrängten, und zeigte auf den Punkt, an dem sie die Mitte der Brücke erreichen würden. Jan nickte, vielleicht lachte er auch zurück, obwohl es ihm merkwürdig vorkam, seinen Vater lachen zu sehen.

Oben blieb der Vater stehen, stellte sich breitbeinig über die Dehnfuge, die den Scheitel der Brücke markierte und schaute aufs Meer hinaus. „Hättest du gedacht, dass es so schaukelt?", schrie er.

Jan schüttelte den Kopf. Jeder Lastwagen brachte die Brücke zum Schwingen und wenn er abwärts schaute, auf diese eine Ewigkeit tief unter ihm liegende Wasserfläche, konnte er die genetischen Bestandteile der mütterlichen Höhenangst im Bauch spüren.

„Ob man heil bleibt, wenn man runterjumpt?", fragte er. „Ich würde es dich nicht probieren lassen!", rief der Vater zurück. „Manchmal meine ich, ich müsste so etwas probieren!" Jan wollte ihm Angst machen, aber der Vater nickte. „Manchmal meine ich, ich könnte keine Sekunde mehr weiterleben, wenn ich nicht sofort so was probiere – kannst du dir das vorstellen?"

Der Vater sah ihn an, zog die Unterlippe zwischen die Zähne, wie er es immer tat, wenn er nicht wusste, ob es klug war, etwas auszusprechen. „Ich war nicht immer dreiundfünfzig, Jan, ich kenne das, ja!"

„Es ist nur die Angst, die einen zurückhält, oder?" „Am Anfang, denke ich, ist es nur die Angst zu sterben, später ist es auch die Angst, jemanden im Stich zu lassen, zu versagen, wegzulaufen. Die Angst zu sterben, lässt nach, je näher du dem Tod kommst. Du begreifst mit der Zeit, dass du nicht drum herum kommst. Dann gibt es Nächte, an denen du glaubst, verrückt zu werden, weil schon so viel vorbei ist vom Leben, und dann kommt ein Morgen und ein Tag und du verlierst die Angst wieder."

Er sah Jan an, zuckte die Schultern. So ist es eben, hieß das, kein Grund sich aufzuregen.

„Ich wusste nicht, dass du solche Gedanken hast", sagte Jan.

Wieder zuckte der Vater die Schultern, dann ging er ganz nach vorne ans Geländer, neigte sich weit drüber, als wollte er sich in den weiten Luftraum zwischen Brücke und Wasser hineingleiten lassen.

„Wär doch 'n cooler Abgang, was?", schrie er.

Normalerweise hasste es Jan, wenn sein Vater so zu reden versuchte, wie er dachte, dass Jugendliche es täten. Das klang so nach Pädagogik, so nach trickreichem Einschleusen wohlüberlegter Erziehungskonzepte – in jedem Fall ein Grund, auf Abstand zu gehen. Aber diesmal ging er, ohne darüber nachzudenken, auf das Spiel ein, schnappte seinen Vater bei der Jacke, zog ihn mit einem Ruck zurück – vielleicht war es auch wirkliche Angst um ihn –, umgriff ihn von hinten mit beiden Armen und drückte ihn an sich. Sein Vater war einen Kopf kleiner als er, inzwischen bestimmt auch schwächer, sie hatten schon vor Jahren damit aufgehört, im spielerischen Raufen ihre Kraft zu messen.

„Lass mich, lass mich!", schrie der Vater albern und wand sich hin und her. „Ich muss es tun, ich kann nicht anders!"

Aber Jan hielt ihn hart im Klammergriff, bis der Vater seinen gespielten Widerstand aufgab.

Für einen endlosen Augenblick unerwarteten Glücks standen sie bewegungslos, dann drehte der Vater den Kopf zu ihm um, strahlte ihm ins Gesicht. Jan lachte zurück.

„Früher habe ich dich oft so festgehalten, wenn du wütend warst und rumgetobt hast – weißt du noch?"

Jan nickte. „Ich hab es gehasst, glaube ich."

„Schon möglich, aber ich hatte immer den Eindruck, du hast es auch irgendwie gebraucht – ist schon lange her, das letzte Mal, was?"

„Ich wüte nicht mehr."

Jan hatte immer noch die Arme um seinen Vater geschlungen. Auf dessen Kopf, der direkt unter seinem Kinn lag, konnte er die kahlen Stellen der Kopfhaut sehen, fühlte unter seines Vaters Jacke den weichen Bauchansatz.

Jetzt wäre der Moment, loszulassen, dachte er, doch er zog ihn noch fester an sich heran.

„Wenn du mal nicht mehr da bist, wird ein Loch in meinem Leben sein", sagte er leise.

„Was ist?", schrie der Vater nach hinten.

Jan wusste nicht, ob er den Satz wiederholen sollte. Wusste nicht, ob es nicht lächerlich war, so etwas zu sagen, zu seinem Vater zu sagen, wenn man schon fast neunzehn war und im Begriff, das Haus zu verlassen.

„Was ist?", rief der Vater wieder.

„Wenn du mal nicht mehr da bist, wird ein riesiges, verdammtes Loch in meinem Leben sein!", schrie er.

Der Vater wand sich aus Jans Armen und drehte sich zu ihm um, wischte sich mit einer Handbewegung die windzerzausten Haare nach hinten. Dann griff er hoch und strich auch seinem großen Sohn eine Strähne aus dem Gesicht.

„Das ist in Ordnung so", sagte er glücklich und nickte dabei, „das muss so sein."

Noch einen Moment blieben sie ganz vorne an der Brüstung stehen, dann zog der Vater Jan weg.

„Lass uns zurückgehen, die Mädels warten unten in der Hitze."

Langsam liefen sie den schmalen Fußpfad zurück, der Vater mit schlenkernden Armen vorne, Jan mit seinen schlenkernden Armen hinterher.

Als sie auf dem Weg zum Parkplatz waren, konnten sie wieder nebeneinander gehen.

Die Mutter hatte sich mit Susan hinter dem Auto in den schütteren Schatten eines frisch gepflanzten Bäumchens gesetzt. Als die beiden antrotteten, sprang sie auf. „Was habt ihr da oben denn so lange gemacht?", fragte sie ihren Mann ein wenig gereizt.

„Runtergeguckt", sagte der Vater.

Sie verdrehte die Augen, schüttelte genervt den Kopf. Dann sah sie Jan fragend an.

„Runtergeguckt!", sagte Jan und grinste.

DL | Name: ______________________ | Datum: ______________

Die Brücke

❶ Wo liegt die Brücke, auf die Jan und sein Vater steigen? (LKS 1)

____

____

❷ Warum kann man Angst bekommen, wenn man auf dem Scheitelpunkt der Brücke steht? (LKS 2)

____

____

❸ Welche Informationen erfahren Sie im Text über Jan und seinen Vater? (LKS 2)

____

____

____

____

____

____

❹ Auf der Brücke sprechen Jan und sein Vater über „Angst“, als Jan sich ausmalt, von oben in die Tiefe zu springen. Welche Gedanken hat Jans Vater über Angst? Was sagt er zu seinem Sohn? Schreiben Sie auf, wie Jans Vater zu seiner Angst steht. (LKS 3)

____

____

____

____

____

____

____

❺ Jans Leben befindet sich im Umbruch. Finden Sie zwei Textstellen, die dies belegen. (LKS 3)

____

____

____

____

Die Brücke

❶ Wo liegt die Brücke, auf die Jan und sein Vater steigen? LKS 1

Die Brücke führt bei Le Havre über die Seine und heißt Pont de Normandie.

❷ Warum kann man Angst bekommen, wenn man auf dem Scheitelpunkt der Brücke steht? LKS 2

Die Brücke schwingt hin und her. Der Scheitelpunkt liegt sehr weit über der Wasseroberfläche.

❸ Welche Informationen erfahren Sie im Text über Jan und seinen Vater? LKS 2

Jan (18), Abiturient, wird bald von Zuhause ausziehen. Er hat keine allzu hohe Meinung von seinem Vater („mit dem da vorne"). Das ändert sich, als sie auf der Brücke miteinander reden. Dort erst versteht Jan seinen Vater (53) und findet wieder emotionalen Kontakt.

❹ Auf der Brücke sprechen Jan und sein Vater über „Angst", als Jan sich ausmalt, von oben in die Tiefe zu springen. Welche Gedanken hat Jans Vater über Angst? Was sagt er zu seinem Sohn? Schreiben Sie auf, wie Jans Vater zu seiner Angst steht. LKS 3

Für Jans Vater gibt es die Angst zu sterben, aber auch die Angst, jemanden im Stich zu lassen, zu versagen oder wegzulaufen. Je älter man wird, desto weniger Angst hat man vor dem Tod. Trotzdem gibt es immer wieder Momente, die einen verrückt machen, wenn man ans Sterben denkt, aber diese Angst geht schnell wieder vorbei.

❺ Jans Leben befindet sich im Umbruch. Finden Sie zwei Textstellen, die dies belegen. LKS 3

Jan fährt zum letzten Mal zusammen mit seiner Familie in einen gemeinsamen Urlaub. Er wird sein Elternhaus verlassen und zu studieren beginnen.

Jan spürt, dass sein Gefühlsleben sich verändert. Er merkt dies auch im Verhalten gegenüber seinem Vater, den er jetzt erst richtig schätzt und weiß, dass er ihm einmal fehlen wird.

❻ Was bedeutet das Sprachbild „es wird ein Loch in meinem Leben sein". Erklären Sie den Ausdruck aus dem Textzusammenhang. LKS 3

❼ Von Mark Twain (1835–1910), dem berühmten amerikanischen Schriftsteller, stammt folgendes Zitat: LKS 4

„Als ich 14 Jahre alt war, war mein Vater für mich so dumm, dass ich ihn kaum ertragen konnte. Aber als ich 21 wurde, war ich doch erstaunt, wie viel der alte Mann in sieben Jahren dazugelernt hatte."

Erläutern Sie die Ironie in diesem Ausspruch.

❽ Eine Brücke kann auch ein Symbol sein. Beschreiben Sie mithilfe des Bildes links, was damit gemeint sein könnte. LKS 5

❾ Inwiefern spielt das Symbol „Brücke" in der Erzählung eine wesentliche Rolle? Schreiben Sie Ihre Antwort in nur einem Satz auf. LKS 5

❿ Das Elternhaus frühzeitig zu verlassen, bietet Jugendlichen Vorteile, aber auch Nachteile. Notieren Sie einige Argumente zum Thema stichpunktartig. LKS 5

❻ Was bedeutet das Sprachbild „es wird ein Loch in meinem Leben sein“. Erklären Sie den Ausdruck aus dem Textzusammenhang. LKS 3

Wenn Jans Vater stirbt, wird er seiner Familie und vor allem seinem Sohn fehlen. Es bleiben zwar Erinnerungen, aber die Person ist nicht mehr präsent. Die Lücke, die man hinterlässt, ist wie ein Loch. Es kann nicht mehr aufgefüllt werden, es bleibt schmerzhafte Leere.

❼ Von Mark Twain (1835–1910), dem berühmten amerikanischen Schriftsteller, stammt folgendes Zitat: LKS 4

„Als ich 14 Jahre alt war, war mein Vater für mich so dumm, dass ich ihn kaum ertragen konnte. Aber als ich 21 wurde, war ich doch erstaunt, wie viel der alte Mann in sieben Jahren dazugelernt hatte.“

Erläutern Sie die Ironie in diesem Ausspruch.

Die Ironie steckt in der Verdrehung der Personen. Nicht der Vater lernt in den sieben Jahren etwas dazu, sondern der Sohn. Mit 14 Jahren ist er noch dumm und unerfahren, aber doch schon überheblich. Er weiß alles besser. Erst mit zunehmender Reife erkennt der Sohn das Wissen, Können und die Erfahrung seines Vaters.

❽ Eine Brücke kann auch ein Symbol sein. Beschreiben Sie mithilfe des Bildes links, was damit gemeint sein könnte. LKS 5

Die Brücke als Symbol des Übergangs verbindet Menschen. Brücken überwinden Hindernisse und Probleme des Alltags und verbinden über trennende Grenzen hinweg. Man gelangt von einer Seite auf die andere.

❾ Inwiefern spielt das Symbol „Brücke“ in der Erzählung eine wesentliche Rolle? Schreiben Sie Ihre Antwort in nur einem Satz auf. LKS 5

Auf der Pont de Normandie finden Jan und sein Vater wieder einen Weg zueinander, lernen sich wieder schätzen, achten und lieben. Es ist für beide ein beglückender Moment.

❿ Das Elternhaus frühzeitig zu verlassen, bietet Jugendlichen Vorteile, aber auch Nachteile. Notieren Sie einige Argumente zum Thema stichpunktartig. LKS 5

Vorteile: man lernt Selbstständigkeit, die Eltern können einem keine Vorschriften mehr machen, man lernt den Umgang mit Geld, man ist frei und unabhängig

Nachteile: man ist allein, das Leben ist teuer, man muss alles selber machen, man kann an falsche Freunde geraten, man erhält keine Ratschläge und Soforthilfe mehr

Alleingelassen
(Thomas Fuchs)

[...] Der Tisch war gedeckt, meine kleine Schwester Carmen hatte sogar irgendwoher Blumen organisiert. Maik, unser Jüngster, war Brötchen holen gewesen, ich hatte Eier gekocht und wir warteten. Meine Mutter kam um zehn.

Sie kam ohne Gepäck. Ich sagte mir, dass Martin das sicher nachbringen würde. „Sieht ja super aufgeräumt bei euch aus", sagte meine Ma. Sicher würde Martin das Gepäck bringen, sicher hatte er sie vorgeschickt, damit sie nicht versuchen würde, in ihrem Zustand einen der Koffer zu tragen. „Scheint ja, als ob ihr sehr gut so allein zurechtkommt." Wahrscheinlich suchte Martin unten einen Parkplatz.

„John, kann ich mal mit dir alleine reden?" Ich konnte es nicht fassen. Sagte, dass sie, was sie zu sagen hätte, besser hier vor allen sagen sollte. Hoffte, dass sie dann das, was ich befürchtete, sich nicht trauen würde zu sagen. Angesichts Maik und Carmen es nicht fertigbringen würde. Doch sie zuckte nur mit den Schultern und erklärte: „Ich werde vorerst zu Martin in die Wohnung ziehen. Nur für eine Weile."

„Mama!" Carmen sah sie verstört an.

„Es geht nicht anders."

Meine Mutter zog eine Schachtel Zigaretten aus der Handtasche und zündete sich trotz ihres dicken Bauchs eine an. „Ich finde das selbst Mist, aber es geht nicht anders. Für uns alle ist es hier zu eng."

„Das stimmt nicht", widersprach ich.

„Und dann sagte der Arzt, es könne bei mir jederzeit losgehen", redete meine Mutter stur weiter. Er sagte, ich müsse mich womöglich auf eine Frühgeburt einstellen. Und Martins Wohnung ist näher am Krankenhaus."

„Mama, du sollst hierbleiben!", rief Maik.

„Maikschatz, das ist doch nur für ein paar Tage. Ich bin doch bald wieder da."

Ich wusste nicht, was ich noch sagen sollte.

„Versteht doch auch mal meine Lage", verteidigte sich Ma. „Wir müssen jetzt alle zusammenhalten. Wir wollen doch eine richtige Familie werden. Aber für Martin ist das alles neu, er ist sowieso schon so gereizt. Wir dürfen ihn nicht verscheuchen."

„Aber wieso denn?"

Carmen weinte inzwischen.

„Was ist denn so schlimm an uns?"

„An euch ist gar nichts schlimm. Ihr seid wunderbar so. Und das weiß auch Martin."

Ich sah den Gesichtsausdruck der Frau am Tisch mir gegenüber und mir wurde klar, dass wir keine Chance hatten. Meine Mutter meinte das ernst. Sie hatte einen Plan und würde ihn durchziehen, sie wollte Martin. Während in meinem Hirn die Gedanken Karussell fuhren, hörte ich wie durch eine dicke Watteschicht ihre Worte, mit denen sie die heulenden Kleinen zu trösten versuchte.

„Ihr kommt doch wunderbar alleine klar. Das sieht man doch. Alles läuft toll bei euch. Besser als mit mir! Komm, Carmen, nur für ein paar Tage noch, dann bin ich wieder da. Ich kann nicht anders, ich bin schwanger, ich bin selbst auf Hilfe angewiesen, ich ..."

Sie schluckte und räusperte sich dann. Ich blickte auf.

„Oder aber ich muss zum Jugendamt gehen."

Das saß. Carmen wurde kreidebleich und Maik kam um den Tisch gerannt und klammerte sich an meine Mutter.

„Ich will nicht ins Heim", heulte er.

„Davon ist doch gar nicht die Rede", entgegnete die Frau, die unsere Mutter war. „Das läuft heute nicht mehr so wie damals mit John. Die haben inzwischen für solche Fälle ausgebildete Leute. Da zieht dann vorübergehend jemand vom Amt hier ein und kümmert sich um alles. Wie im Fernsehen! So eine Art Supermama."

„Ich will, dass du hierbleibst! Ich will keine doofe Supermama", bettelte Maik weiter. „Mama, ich will nicht ins Heim."

„Niemand kommt ins Heim! Ich bin doch schon 13", sagte ich laut. „Und wir brauchen auch niemanden vom Amt."

Ich hatte mich wieder einigermaßen unter Kontrolle.

„Wir haben das bislang geschafft, dann kriegen wir die paar Tage wirklich auch noch hin. Maik, willst du fernsehen?"

Natürlich wollte er. Ich gab ihm noch ein paar Schokowaffeln und damit war er vorerst abgelenkt.

Carmen lotste ich mit ein paar Blicken in den Flur und erklärte ihr dort: „Keine Angst, ich regle das. Vertrau mir."
Carmen nickte und verschwand in ihrem Zimmer.
„Ma, jetzt hör mir mal richtig zu", begann ich, als wir alleine am Tisch saßen. „Wir brauchen dich ..."
„Ich weiß", schnitt sie mir das Wort ab. „Aber was soll ich denn machen? Soll ich Martin verlassen? Willst du das? Was würde dann passieren?"
„Natürlich sollst du Martin nicht verlassen."
„Und wenn er mich verlässt?"
Sie brach von jetzt auf gleich in Tränen aus. „Ich habe so Angst, dass er geht. Dass ihm das alles zu viel wird. Aber was dann, John? Vier Kinder, keinen Mann, keinen Job! Was dann?"
„Aber Martin wird nicht gehen."
„Was weißt du denn!", blaffte sie mich unter Schluchzen an. „Es war schon fast so weit!"
„Das wusste ich nicht", flüsterte ich.
„Ihr dürft mir das nicht kaputt machen. Martin ist meine letzte Chance, wer nimmt mich denn sonst mit vier Kindern ..." [...]

Inhalt und Grenzen der Personensorge

(1) Die Personensorge umfasst insbesondere die Pflicht und das Recht, das Kind zu pflegen, zu erziehen, zu beaufsichtigen und seinen Aufenthalt zu bestimmen.
(2) Kinder haben ein Recht auf gewaltfreie Erziehung. Körperliche Bestrafungen, seelische Verletzungen und andere entwürdigende Maßnahmen sind unzulässig.
(3) Das Familiengericht hat die Eltern auf Antrag bei der Ausübung der Personensorge in geeigneten Fällen zu unterstützen.

Bürgerliches Gesetzbuch: § 1631

D_L	Name: ______________________	Datum: ______________________	

Alleingelassen

❶ Geben Sie einen kurzen Überblick über die Personen der Geschichte. LKS1

____

____

____

____

____

❷ Womit droht die Mutter, wenn ihre Kinder sie nicht gehen lassen? Kreuzen Sie richtig an. LKS1

☐ Polizei ☐ Jugendamt ☐ Martin ☐ Arzt ☐ Gericht

❸ Johns Gefühle schwanken zwischen Resignation und Hoffnung. Zitieren Sie zu jeder der beiden Stimmungslagen eine Textstelle. LKS2

____

____

____

____

❹ Finden Sie zu den beiden Sprachbildern im Text die passenden Bedeutungen. LKS3

die Gedanken fahren Karussell = ______________________________

wie durch eine dicke Watteschicht = ______________________________

❺ Was meinen Sie zu folgender Stelle im Text? „... entgegnete die Frau, die unsere Mutter war.“ (Z. 76/77) LKS3

____

____

____

❻ Der Paragraf 1631 des Bürgerlichen Gesetzbuches regelt Inhalt und Grenzen der Personensorge. In Johns Familie werden gesetzliche Vorgaben nicht eingehalten. Erläutern Sie. LKS3

____

____

____

____

____

____

D L | Lösung

Alleingelassen

❶ Geben Sie einen kurzen Überblick über die Personen der Geschichte.

• die Kinder: John (13), der Ich-Erzähler, war schon in einem Jugendheim; die kleinere Schwester Carmen; Maik, das jüngste der drei Geschwister

• die schwangere Mutter

• Martin, der Freund der Mutter, und ihre letzte Chance

❷ Womit droht die Mutter, wenn ihre Kinder sie nicht gehen lassen? Kreuzen Sie richtig an.

☐ Polizei ☒ Jugendamt ☐ Martin ☐ Arzt ☐ Gericht

❸ Johns Gefühle schwanken zwischen Resignation und Hoffnung. Zitieren Sie zu jeder der beiden Stimmungslagen eine Textstelle.

• Resignation: 1. Ich wusste nicht, was ich noch sagen sollte. (Z. 42); 2. Ich sah den Gesichtsausdruck ... (Z. 54–56); 3. „Das wusste ich nicht!“, flüsterte ich. (Z. 119)

• Hoffnung: 1. Ich sagte mir, dass Martin ... (Z. 7/8.); 2. Wahrscheinlich suchte Martin ... (Z. 14/15); 3. Hoffte, dass sie ... (Z. 19/20); 4. „Wir haben das bislang ...“ (Z. 91/92); 5. „Aber Martin ...“ (Z. 116)

❹ Finden Sie zu den beiden Sprachbildern im Text die passenden Bedeutungen.

die Gedanken fahren Karussell = *durcheinander sein, keinen klaren Gedanken fassen können*

wie durch eine dicke Watteschicht = *gedämpft hören; Worte sind ganz leise, kaum verständlich*

❺ Was meinen Sie zu folgender Stelle im Text? „... entgegnete die Frau, die unsere Mutter war.“ (Z. 76/77)

Die Bezeichnung „die Frau“ zeigt eine gewaltige emotionale Distanz zwischen John und seiner Mutter. Auch die Vergangenheitsform „... war“ deutet darauf hin, dass John mit seiner Mutter abgeschlossen hat und diese für ihn nur noch eine fremde Frau mit Problemen ist.

❻ Der Paragraf 1631 des Bürgerlichen Gesetzbuches regelt Inhalt und Grenzen der Personensorge. In Johns Familie werden gesetzliche Vorgaben nicht eingehalten. Erläutern Sie.

Nicht beachtet werden folgende gesetzliche Vorgaben: Die Kinder werden nicht beaufsichtigt, sie müssen allein wohnen. Bedingt durch die Abwesenheit der Mutter ist eine regelmäßige Pflege und Erziehung nicht möglich. Es liegen auch seelische Verletzungen vor, denn die Kinder haben Angst, ohne Mutter leben zu müssen und ins Heim abgeschoben werden zu können.

DL	Name: ______________________	Datum: ______________

❼ Es gibt viele Berichte über Kinder, die von ihren Eltern im Stich gelassen werden. Einer der bedrückendsten stammt aus Berlin. Ein zwölfjähriger Junge und seine drei jüngeren Geschwister hatten fast ein Jahr lang für sich selbst sorgen müssen. Sie seien, so hieß es, „hochkompetent" darin gewesen, sich ein „eigenes Familiensystem aufzubauen, sodass niemand etwas bemerkt". Ihre alleinerziehende Mutter war zu ihrem neuen Freund gezogen und schneite nur gelegentlich herein, um Lebensmittel und Geld vorbeizubringen. Schließlich gestand der Älteste dem Jugendamt, dass er es nicht mehr aushalte – die Verantwortung, den Stress, den Dreck. Die Frau soll im Verhör eher gelassen gewirkt haben, während sich die Kinder vor den Polizisten sogar für die hoffnungslos vermüllte Wohnung schämten. Niki Stein drehte darüber einen Film mit dem Titel „Der große Tom". Der Regisseur sagte, eine größere Heldentat als die des Jungen, der sich Tag für Tag für seine Geschwister aufopferte, sei für ihn kaum vorstellbar. Um dieser Leistung ein Denkmal zu setzen, habe er seinen neuen Film geschrieben.

LKS 4

Wie beurteilen Sie das Verhalten der Mutter, die auch Johns Mutter hätte sein können?

____

____

____

____

❽ John bewältigt den ganzen Haushalt allein. Niemand ist für ihn da oder hilft ihm, denn er muss selber ständig für seine Geschwister sorgen. Er trennt sich von Freundin Miriam. Florian, sein bester Freund, darf ihn auf keinen Fall in der stinkenden und verwüsteten Wohnung besuchen. Seine Mutter verspricht immer wieder, wenn das Baby erst mal da sei, würden sie alle zusammen in eine größere Wohnung ziehen. Doch John hat nach gut einem Jahr keine Kraft mehr. Maiks Lehrerin beschwert sich ständig per E-Mail über sein ungebührliches Verhalten innerhalb der Klasse und bittet um einen Gesprächstermin. John erfindet Ausreden. Und dann reißt auch noch Carmen aus ...

LKS 4

Der Schluss der Erzählung ist offen. Wie könnte sie enden?

____

____

____

____

____

____

____

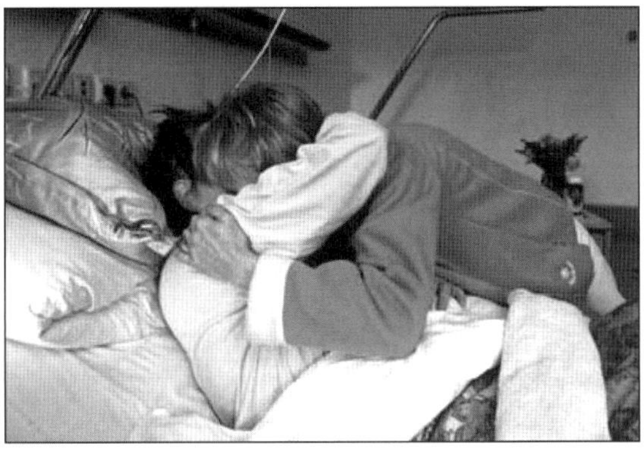

❾ Jemanden **nicht** allein lassen, das zeigt sich in positiver Art und Weise in vielen Bereichen des Lebens. Finden Sie dazu Beispiele?

LKS 5

____

____

____

____

____

❼ Es gibt viele Berichte über Kinder, die von ihren Eltern im Stich gelassen werden. Einer der bedrückendsten stammt aus Berlin. Ein zwölfjähriger Junge und seine drei jüngeren Geschwister hatten fast ein Jahr lang für sich selbst sorgen müssen. Sie seien, so hieß es, „hochkompetent“ darin gewesen, sich ein „eigenes Familiensystem aufzubauen, sodass niemand etwas bemerkt“. Ihre alleinerziehende Mutter war zu ihrem neuen Freund gezogen und schneite nur gelegentlich herein, um Lebensmittel und Geld vorbeizubringen. Schließlich gestand der Älteste dem Jugendamt, dass er es nicht mehr aushalte – die Verantwortung, den Stress, den Dreck. Die Frau soll im Verhör eher gelassen gewirkt haben, während sich die Kinder vor den Polizisten sogar für die hoffnungslos vermüllte Wohnung schämten. Niki Stein drehte darüber einen Film mit dem Titel „Der große Tom“. Der Regisseur sagte, eine größere Heldentat als die des Jungen, der sich Tag für Tag für seine Geschwister aufopferte, sei für ihn kaum vorstellbar. Um dieser Leistung ein Denkmal zu setzen, habe er seinen neuen Film geschrieben. LKS 4

Wie beurteilen Sie das Verhalten der Mutter, die auch Johns Mutter hätte sein können?

Johns Mutter ist in hohem Maße verantwortungslos gegenüber ihren drei Kindern. Sie verstößt nicht nur gegen gesetzliche Bestimmungen, sie überlässt – total gleichgültig – ihre Kinder einfach ihrem Schicksal. Sie ist sehr egoistisch und denkt nur an ihr eigenes, besseres Leben mit ihrem neuen Partner. Dafür lässt sie ihre Kinder im Stich – eine Rabenmutter!

❽ John bewältigt den ganzen Haushalt allein. Niemand ist für ihn da oder hilft ihm, denn er muss selber ständig für seine Geschwister sorgen. Er trennt sich von Freundin Miriam. Florian, sein bester Freund, darf ihn auf keinen Fall in der stinkenden und verwüsteten Wohnung besuchen. Seine Mutter verspricht immer wieder, wenn das Baby erst mal da sei, würden sie alle zusammen in eine größere Wohnung ziehen. Doch John hat nach gut einem Jahr keine Kraft mehr. Maiks Lehrerin beschwert sich ständig per E-Mail über sein ungebührliches Verhalten innerhalb der Klasse und bittet um einen Gesprächstermin. John erfindet Ausreden. Und dann reißt auch noch Carmen aus ... LKS 4

Der Schluss der Erzählung ist offen. Wie könnte sie enden?

Unwahrscheinlich ist, dass die Mutter ihren Freund Martin verlässt und zu ihren Kinder zurückkehrt oder dass Martin einwilligt, die drei Kinder zu sich zu nehmen. Eher schon wird das Jugendamt einschreiten müssen, um den unhaltbaren Zustand aufzulösen. Die Kinder kommen entweder in ein Jugendheim oder werden zur Betreuung zu Pflegeeltern gegeben. Dass alle drei Kinder zusammenbleiben, erscheint eher unwahrscheinlich.

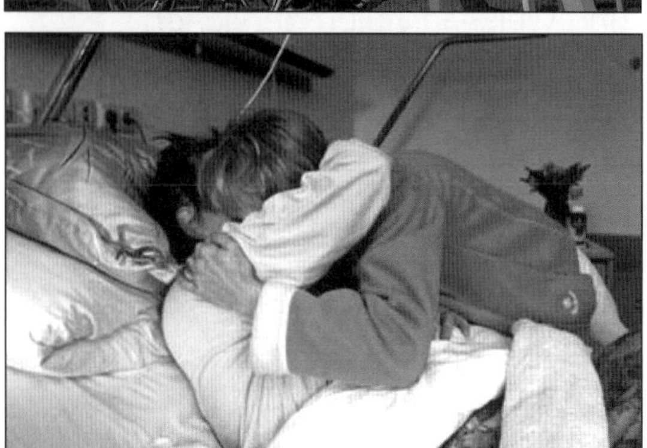

❾ Jemanden **nicht** allein lassen, das zeigt sich in positiver Art und Weise in vielen Bereichen des Lebens. Finden Sie dazu Beispiele? LKS 5

Beistand bei schweren Krankheiten (Krebs), Hilfe und Unterstützung im Alter (kein voreiliges Abschieben in Altersheime), finanzielle Unterstützung (Spenden), Hilfeleistung in Notfällen (Unfälle), Versorgung von Haustieren (kein Abschieben) ...

Das Holz für morgen
(Wolfgang Borchert)

Er machte die Etagentür hinter sich zu. Er machte sie leise und ohne viel Aufhebens hinter sich zu, obgleich er sich das Leben nehmen wollte. Das Leben, das er nicht verstand und in dem er nicht verstanden wurde. Er wurde nicht von denen verstanden, die er liebte. Und gerade das hielt er nicht aus, dieses Aneinandervorbeisein mit denen, die er liebte.

Aber es war noch mehr da, das so groß wurde, dass es alles überwuchs, und das sich nicht wegschieben lassen wollte.

Das war, dass er nachts weinen konnte, ohne dass die, die er liebte, ihn hörten. Das war, dass er sah, dass seine Mutter, die er liebte, älter wurde und dass er das sah. Das war, dass er mit den anderen im Zimmer sitzen konnte, mit ihnen lachen konnte und dabei einsamer war als je. Das war, dass die anderen es nicht schießen hörten, wenn er es hörte. Dass sie das nie hören wollten. Das war dieses Aneinandervorbeisein mit denen, die er liebte, das er nicht aushielt.

Nun stand er im Treppenhaus und wollte zum Boden hinaufgehen und sich das Leben nehmen. Er hatte die ganze Nacht überlegt, wie er das machen wollte, und er war zu dem Entschluss gekommen, dass er vor allem auf den Boden hinaufgehen müsse, denn da wäre man allein und das war die Vorbedingung für alles andere. Zum Erschießen hatte er nichts und Vergiften war ihm zu unsicher. Keine Blamage wäre größer gewesen, als dann mit Hilfe eines Arztes wieder in das Leben zurückzukommen, und die vorwurfsvollen mitleidigen Gesichter der anderen, die so voll Liebe und Angst für ihn waren, ertragen zu müssen. Und sich ertränken, das fand er zu pathetisch, und sich aus dem Fenster stürzen, das fand er zu aufgeregt. Nein, das beste würde es sein, man ginge auf den Boden. Da war man allein. Da war es still. Da war alles ganz unauffällig und ohne viel Aufhebens. Und da waren vor allem die Querbalken vom Dachstuhl. Und der Wäschekorb mit der Leine.

Als er die Etagentür leise hinter sich zugezogen hatte, fasste er ohne zu zögern nach dem Treppengeländer und ging langsam nach oben. Das kegelförmige Glasdach über dem Treppenhaus, das von ganz feinem Maschendraht wie von Spinngewebe durchzogen war, ließ einen blassen Himmel hindurch, der hier oben dicht unter dem Dach am hellsten war.

Fest umfasste er das saubere hellbraune Treppengeländer und ging leise und ohne viel Aufhebens nach oben. Da entdeckte er auf dem Treppengeländer einen breiten weißen Strich, der vielleicht auch etwas gelblich sein konnte. Er blieb stehen und fühlte mit dem Finger darüber, dreimal, viermal. Dann sah er zurück. Der weiße Strick ging auf dem ganzen Geländer entlang. Er beugte sich etwas vor. Ja, man konnte ihn bis tief in die dunkleren Stockwerke nach unten verfolgen. Dort wurde er ebenfalls bräunlicher, aber er blieb doch einen ganzen Farbton heller als das Holz des Geländers. Er ließ seinen Finger ein paarmal auf dem weißen Strich entlangfahren, dann sagte er plötzlich: Das hab ich ja ganz vergessen.

Er setzte sich auf die Treppe. Und jetzt wollte ich mir das Leben nehmen und hatte das beinahe vergessen. Dabei war ich es doch. Mit der kleinen Feile, die Karlheinz gehörte. Die habe ich in die Faust genommen und dann bin ich in vollem Tempo die Treppe runtergesaust und habe dabei die Feile tief in das weiche Geländer gedrückt. In den Kurven habe ich besonders stark gedrückt, um zu bremsen. Als ich unten war, ging über das Treppengeländer vom Boden bis zum Erdgeschoß eine tiefe, tiefe Rille. Das war ich. Abends wurden alle Kinder verhört. Die beiden Mädchen unter uns, Karlheinz und ich. Und der nebenan. Die Hauswirtin sagte, das würde mindestens vierzig Mark kosten. Aber unsere Eltern wussten sofort, dass es von uns keiner gewesen war. Dazu gehörte ein ganz scharfer Gegenstand, und den hatte keiner von uns, das wussten sie genau. Außerdem verschandelte doch kein Kind das Treppengeländer in seinem eigenen Haus. Und dabei war ich es. Ich mit der kleinen spitzen Feile. Als keiner von den Familien die vierzig Mark für die Reparatur des Treppengeländers bezahlen wollte, schrieb die Hauswirtin auf die nächste Mieterrechnung je Haushalt fünf Mark mehr drauf für Instandsetzungskosten des stark demolierten Treppenhauses.

Für dieses Geld wurde dann gleich das ganze Treppenhaus mit Linoleum ausgelegt. Und Frau Daus bekam ihren Handschuh ersetzt, den sie sich an dem aufgesplitterten Geländer zerrissen hatte. Ein Handwerker kam, hobelte die Ränder der Rille glatt und schmierte sie dann mit Kitt aus. Vom Boden bis zum Erdgeschoß. Und ich, ich war es. Und jetzt wollte ich mir das Leben nehmen und hatte das beinahe vergessen.

Er setzte sich auf die Treppe und nahm einen Zettel. Das mit dem Treppengeländer war ich, schrieb er da drauf. Und dann schrieb er oben darüber: An Frau Kaufmann, Hauswirtin. Er nahm das ganze Geld aus seiner Tasche, es waren zweiundzwanzig Mark, und faltete den Zettel da herum. Er steckte ihn oben in die kleine Brusttasche. Da finden sie ihn bestimmt, dachte er, da müssen sie ihn ja finden. Und er vergaß ganz, dass sich keiner mehr daran erinnern würde. Er vergaß, dass es schon elf Jahr her war, das vergaß er. Er stand auf, die Stufe knarrte ein wenig. Er wollte jetzt auf den Boden gehen.

Er hatte das mit dem Treppengeländer erledigt und konnte jetzt nach oben gehen. Da wollte er sich noch einmal laut sagen, dass er es nicht mehr aushielte, das Aneinandervorbeisein mit denen, die er liebte, und dann wollte er es tun. Dann würde er es tun.

Unten ging eine Tür. Er hörte, wie seine Mutter sagte: Und dann sag ihr, sie soll das Seifenpulver nicht vergessen. Dass sie auf keinen Fall das Seifenpulver vergisst. Sag ihr, dass der Junge extra mit dem Wagen los ist, um das Holz zu holen, damit wir morgen waschen können. Sag ihr, das wäre für Vater eine große Erleichterung, dass er nicht mehr mit dem Holzwagen los braucht und dass der Junge wieder da ist. Der Junge ist extra los heute. Vater sagt, das wird ihm Spaß machen. Das hat er die ganzen Jahre nicht tun können. Nun kann er Holz holen. Für uns. Für morgen zum Waschen. Sag ihr das, dass er extra mit dem Wagen los ist und dass sie mir nicht das Seifenpulver vergisst.

Er hörte eine Mädchenstimme antworten. Dann wurde die Tür zugemacht, und das Mädchen lief die Treppen hinunter. Er konnte ihre kleine rutschende Hand das ganze Treppengeländer entlang bis unten verfolgen. Dann hörte er nur ihre Beine noch. Dann war es still. Man hörte das Geräusch, das die Stille machte.

Er ging langsam die Treppe abwärts, langsam Stufe um Stufe abwärts. Ich muss das Holz holen, sagte er, natürlich, das hab ich ja ganz vergessen. Ich muss ja das Holz holen, für morgen.

Er ging immer schneller die Treppen hinunter und ließ seine Hand dabei kurz hintereinander auf das Treppengeländer klatschen. Das Holz, sagte er, ich muss ja das Holz holen. Für uns. Für morgen. Und er sprang die letzten Stufen mit großen Sätzen abwärts. Ganz oben ließ das dicke Glasdach einen blassen Himmel hindurch. Hier unten aber mussten die Lampen brennen. Jeden Tag.
Alle Tage.

D_L Name: ______________________ Datum: ______________

Das Holz für morgen

❶ In welcher Zeit spielt die Geschichte? Wo?

LKS1

____

____

❷ Welche Personen kommen in der Geschichte vor?

LKS1

____

____

____

____

❸ Was erfahren Sie über die Hauptperson der Geschichte?

LKS2

____

____

____

____

❹ Warum will sich der Ich-Erzähler umbringen? Was sind seine Motive? Welches sprachliche Mittel verwendet Borchert, um diese Motive eindringlich herauszustellen?

LKS3

____

____

____

____

____

____

____

____

____

❺ Die Geschichte lässt sich in vier Sinnabschnitte einteilen. Bringen Sie diese anhand von Ziffern in eine richtige Reihenfolge.

LKS3

_____. Der immer schnellere Weg nach unten, um Holz für morgen zu holen

_____. Halt auf dem Weg nach oben durch das Gespräch der Mutter mit dem Mädchen

_____. Der langsame Weg nach oben auf den Dachboden, um sich dort umzubringen

_____. Halt auf dem Weg nach oben durch die Erinnerung an seinen Kinderstreich vor elf Jahren

D L | Lösung

Das Holz für morgen

❶ In welcher Zeit spielt die Geschichte? Wo? (LKS 1)

Die Geschichte spielt in der Zeit nach dem Zweiten Weltkrieg (ab 1945). Der Ort könnte überall in Deutschland sein.

❷ Welche Personen kommen in der Geschichte vor? (LKS 1)

Familie des Ich-Erzählers mit Bruder Karlheinz, Frau Kaufmann (Hauswirtin), Frau Daus, Familie mit Junge, Familie mit zwei Mädchen

❸ Was erfahren Sie über die Hauptperson der Geschichte? (LKS 2)

Der Ich-Erzähler ist ein junger Mann Anfang zwanzig, der als Soldat aus dem Krieg zurückgekehrt ist und mit den Erlebnissen dort nicht fertig wird. Er beabsichtigt, Selbstmord zu begehen und sich auf dem Dachboden aufzuhängen.

❹ Warum will sich der Ich-Erzähler umbringen? Was sind seine Motive? Welches sprachliche Mittel verwendet Borchert, um diese Motive eindringlich herauszustellen? (LKS 3)

Motive: Er weint nachts und seine Eltern hören es nicht. Es schmerzt ihn, dass seine Mutter älter wird. Obwohl er lacht, fühlt er sich einsamer denn je. Es belastet ihn ungemein, dass die anderen die Schüsse nicht hören, er aber sie ganz deutlich vernimmt. Er hält das „Aneinandervorbeisein" mit seiner Familie nicht mehr aus.

Borchert verwendet bei der Aufzählung der Motive als rhetorische Wortfigur die Anapher. Sie bezeichnet die Wiederholung eines Wortes oder einer Wortgruppe am Anfang aufeinanderfolgender Sätze. Die Wendung „Das war, dass ..." (Z. 7–22) taucht dabei fünfmal hintereinander auf.

❺ Die Geschichte lässt sich in vier Sinnabschnitte einteilen. Bringen Sie diese anhand von Ziffern in eine richtige Reihenfolge. (LKS 3)

4. Der immer schnellere Weg nach unten, um Holz für morgen zu holen

3. Halt auf dem Weg nach oben durch das Gespräch der Mutter mit dem Mädchen

1. Der langsame Weg nach oben auf den Dachboden, um sich dort umzubringen

2. Halt auf dem Weg nach oben durch die Erinnerung an seinen Kinderstreich vor elf Jahren

 Name: ______________________ Datum: ______________

❻ Welche zwei scheinbar zufälligen Ereignisse verhindern den Selbstmord des Ich-Erzählers? Formulieren Sie zu jedem Ereignis einen Satz.

LKS3

① ______________________________

____

② ______________________________

____

❼ Welchen Zusammenhang können Sie zwischen den beiden Bildern rechts herstellen?

LKS4

____

____

____

____

____

____

❽ In Borcherts Geschichte zeichnet sich ein versöhnliches Ende ab. Dabei kommt dem Begriff „Holz" eine symbolische Bedeutung zu. Er verändert sich im Verlauf der Geschichte.

LKS5

____

____

____

❾ Weltweit gibt es heute rund eine Million Suizide (Selbstmorde, Freitode, Selbsttötungen) im Jahr. Bei etwa 20 Millionen Menschen scheitern die Suizide. Welche Ursachen sind heute für Selbsttötungen auszumachen?

LKS5

____

____

❿ Welche Punkte treffen auf die Geschichte von Borchert zu?

① Ordnen Sie den fünf Rhetorikfiguren die passenden Beispiele aus dem Text zu.

LKS5

a) Ellipse b) Inversion c) Anapher d) Neologismus e) Vergleich

_____. ... ganz feinem Maschendraht wie von Spinngewebe ...

_____. Nebeneinandervorbeisein _____. Dann hörte er nur ihre Beine noch.

_____. Er machte ... Er machte ... _____. Für uns. Für morgen.

② Welche Literaturgattung und welche Literaturepoche liegen in Borcherts Geschichte vor? Kreuzen Sie die richtigen Begriffe an.

☐ Realismus ☐ Naturalismus ☐ Trümmerliteratur ☐ Literatur der Moderne

☐ Erzählung ☐ Kurzgeschichte ☐ Parabel ☐ Satire ☐ Novelle

D_L Lösung

❻ Welche zwei scheinbar zufälligen Ereignisse verhindern den Selbstmord des Ich-Erzählers? Formulieren Sie zu jedem Ereignis einen Satz. LKS 3

① *Der Ich-Erzähler entdeckt auf dem Treppengeländer einen weißen Strich und erinnert sich an seinen Streich vor elf Jahren.*

② *Der Ich-Erzähler hört im Treppenhaus ein Gespräch der Mutter mit einem Mädchen mit und erinnert sich daraufhin an seine Aufgabe, Holz zu holen.*

❼ Welchen Zusammenhang können Sie zwischen den beiden Bildern rechts herstellen? LKS 4

Das erste Bild zeigt, wie früher Holz (Krüppelholz, Wellen) aus dem Wald geholt wurde. Holz brauchte man zum Heizen des Herdes. An Waschtagen wurde heißes Wasser für die Kochwäsche benötigt.

❽ In Borcherts Geschichte zeichnet sich ein versöhnliches Ende ab. Dabei kommt dem Begriff „Holz" eine symbolische Bedeutung zu. Er verändert sich im Verlauf der Geschichte. LKS 5

Holz als Querbalken des Dachstuhls ist Teil des geplanten Selbstmordes. Holz als Treppengeländer führt ihn nach oben, hält ihn aber auf, sein tödliches Vorhaben durchzuführen. Holz aus dem Wald bedeutet heißes Wasser, Wärme, Licht (Feuerschein) und Leben.

❾ Weltweit gibt es heute rund eine Million Suizide (Selbstmorde, Freitode, Selbsttötungen) im Jahr. Bei etwa 20 Millionen Menschen scheitern die Suizide. Welche Ursachen sind heute für Selbsttötungen auszumachen? LKS 5

Depressionen, manisch-depressiven Erkrankungen, Suchterkrankungen, Persönlichkeitsstörungen, chronische Schmerzen, Lebenskrisen (Scheidung, Versagensängste oder der wirtschaftliche Ruin)

❿ Welche Punkte treffen auf die Geschichte von Borchert zu?

① Ordnen Sie den fünf Rhetorikfiguren die passenden Beispiele aus dem Text zu. LKS 5

a) Ellipse b) Inversion c) Anapher d) Neologismus e) Vergleich

e. ... ganz feinem Maschendraht wie von Spinngewebe ...

d. Nebeneinandervorbeisein *b*. Dann hörte er nur ihre Beine noch.

c. Er machte ... Er machte ... *a*. Für uns. Für morgen.

② Welche Literaturgattung und welche Literaturepoche liegen in Borcherts Geschichte vor? Kreuzen Sie die richtigen Begriffe an.

☐ Realismus ☐ Naturalismus ☒ Trümmerliteratur ☐ Literatur der Moderne

☐ Erzählung ☒ Kurzgeschichte ☐ Parabel ☐ Satire ☐ Novelle

Ein Mann fürs Leben
(Gerd Fuchs)

In der Erzählung „Ein Mann fürs Leben“ wird beschrieben, wie sich die Beziehungen des Familienvaters Heinz Mattek zu seiner Frau und den beiden Kindern verändern, nachdem er – völlig unerwartet – arbeitslos geworden ist. Der folgende Auszug ist dem Anfang der Erzählung entnommen.

An einem Montag im April bekam Heinz Mattek, Dreher, neununddreißig, die Kündigung ... Der Umschlag mit dem Brief fiel ihm erst wieder ein, als er seinen Blaumann in den Schrank hängte und er ihn zwischen dem Stoff fühlte. Er steckt ihn in die Seitentasche seines Jacketts. Auf dem Weg nach Hause hätte er um Haaresbreite einen Unfall verursacht. Er war von der rechten auf die linke Fahrspur gewechselt, war auch gut vorangekommen, als sein Vordermann plötzlich links abbiegen wollte. Er stand, und rechts fuhren sie an ihm vorbei. Als er eine Lücke sah, fuhr er rechts raus, aber die Lücke war wohl so groß nicht gewesen, oder er hatte den Minicooper nicht gesehen. Sie stiegen beide auf die Bremsen, kamen, kaum einen Fingerbreit voneinander getrennt, zum Stehen, dann startete er mit quietschenden Reifen durch und wischte fluchend bei Gelb über die Kreuzung. Die Kündigung fiel ihm wieder ein. Na wenn schon, dachte er, ist ja auch schön: mal endlich schlafen, endlich mal auspennen. Aber er war ganz sicher, noch während der Kündigungsfrist eine neue Stelle zu finden. Warum also Marion oder die Kinder damit beunruhigen. Nur wusste er zu Hause nicht, wohin mit dem Brief. Es war verrückt, aber keine Stelle schien ihm plötzlich sicher genug. Unter einem Vorwand ging er schließlich zum Wagen hinunter und legte ihn unter die Fußmatte des Fahrersitzes. Was geschehen war, ging ihm auf, als er am nächsten Morgen in den Umkleideraum kam und die Kollegen vor ihren Spinden sah, lachend, sich schubsend, Witze machend. Sie blieben, und er musste gehen. Da war ein Graben auf einmal. Man konnte einen Menschen also einfach hinauswerfen, man konnte ihn davonjagen und sagen, sieh zu, wo du bleibst. Dagegen half weder Gewerkschaft noch Gesetz. Es war natürlich nicht so, als ob er das nicht gewusst hätte. Er hatte es gewusst und doch wieder nicht. Aber wieso er und nicht ein anderer? Er war fit, er war richtig eingestellt, was war falsch mit ihm? Heinz Mattek hat zu viel Selbstbewusstsein, um wirklich zu glauben, dass der Grund für seine Entlassung schlechte Arbeit sei. Und trotzdem hatten sie ihn entlassen und nicht einen anderen. Er merkte, dass er Angst hatte, die Kollegen könnten von seiner Entlassung erfahren.

Heinz Mattek war völlig sicher, dass er Arbeit finden würde, doch wuchs diese Unbehaglichkeit in den Gliedern, dieses Verspanntsein und Krampfige in den Muskeln. Da war nicht mehr die frühere Lockerheit, in der jeder Handgriff mit dem kleinsten Kraftaufwand getan wurde. Nach der Schicht spürte er eine Müdigkeit, die er sonst nicht gekannt hatte. Als seine Angst, die Kollegen könnten von seiner Kündigung erfahren, größer wurde, beschloss er, dem demütigenden Zustand ein Ende zu machen. Am Ersten ist für mich der Letzte, sagte er in der Kantine beim Essen. Was? Wieso? Und hast du schon was? Mal sehen. Mal die Tapete wechseln. Uns so, wie er dasaß, hundertsechsundneunzig Pfund, ruhig, gelassen, glaubten sie ihm, so wie er sich selbst in diesem Augenblick glaubte. Doch kam heraus, dass die Firma ihm gekündigt hatte und nicht etwa umgekehrt. Er begann, Vorwände zu erfinden, um entweder etwas früher oder etwas später als die anderen zum Mittagessen in die Kantine zu gehen, und oft saß er allein bei den Türken von der Brennerei. Als er sich nach der letzten Schicht verabschiedete, war er froh, dass die Quälerei ein Ende hatte. Eine neue Stelle hatte er nicht.

Jetzt endlich sagte er es Marion, und als es ausgesprochen war, da war es angesichts der Auftragslage der Firma völlig verständlich, dass man ihn entlassen hatte, so wie es selbstverständlich war, dass er neue Arbeit finden würde. Das glich sich aus, insofern also ein normaler Vorgang. Mit keinem Wort ging er darauf ein, dass er ihr es erst jetzt sagte. Sie starrte ihn an, wie er dasaß. Sie war unfähig zu einer Reaktion. Und sie schwieg auch, als er am nächsten Morgen zur gewohnten Zeit aufstand, als ginge er zur Arbeit.

Sie hörte ihn aufstehen, aber sie fragte nicht, wohin gehst du? Sie tat, als schliefe sie. Und als er nachmittags zur gewohnten Zeit zurückkam, schwieg sie auch ...

Fast zwei Wochen lang ging er morgens weg, als ginge er zur Arbeit, und kam täglich nachmittags nach Hause, als hätte er Feierabend.

Fast zwei Wochen lang fragte Marion weder, wohin gehst du, noch woher kommst du. Sie brachte kein Wort heraus. Er auch nicht. Sie sprachen miteinander, aber nicht darüber. Und das war, als wären sie stumm. Wenn sie an den Augenblick dachte, wo er es ihr gesagt hatte, gebrauchte sie immer die Redewendung „vom Blitz aus heiterem Himmel“. Aber der Himmel war ja längst nicht mehr so heiter gewesen. Die Zahlen derer, die keine Arbeit hatten, waren ihn ja bekannt. Sei Jahren sahen sie im Fernsehen diese Zahlen steigen. Was hatten sie sich eigentlich dabei gedacht, fragte sie sich jetzt. Sie hatten sich nichts dabei gedacht.

Und dann, eines Morgens, als sie in die Küche kam, war er immer noch da. Als er sie kommen hörte, war er aufgesprungen, doch zu spät, sie kam schon herein. Er war bereits in Mütze und Jacke. Sie schaltet schnell alle Herdplatten an und setzte Wasserkessel und Töpfe auf.

Die Kinder kommen gleich, sagte sie.

Er stand immer noch da.

Dann zieh die Jacke wieder aus, sagte sie.

Als würd' ich träumen. Ich kann mich nicht bewegen. Ich kann nicht bleiben und ich kann nicht gehen. Mich reißt was mitten durch.

Du musst dich entscheiden.

Karsten und Rita kamen gleichzeitig herein.

Du bist ja noch da, sagte Karsten. Verpennt?

Nein.

Fühlst du dich nicht? Bist du krank, fragte Rita.

Nein.

Und warum gehst du nicht zur Arbeit, sagte Karsten.

Weil ich keine Arbeit mehr hab'.

Seit wann?, fragte Rita.

Seit zwei Wochen.

Und wo bist du hingegangen jeden Morgen die zwei Wochen?

Zum Arbeitsamt.

Haben die Arbeit?, fragte Karsten.

Nein.

Und warum bist du hingegangen jeden Morgen?

Er schwieg.

Und warum hast du uns das nicht gesagt?

Ich hab' es eurer Mutter gesagt.

Aber nicht uns, sagte Rita.

Ihr habt uns nichts gesagt, sagte Karsten.

Komm.

Marion nahm die Tasche ab, zog ihm Mütze und Jacke aus.

Du legst dich jetzt hin. Sie führte ihn aus der Küche.

D L | Name: ______________________ | Datum: ______________

Ein Mann fürs Leben

LKS 1

❶ Wie heißen die Hauptpersonen der Geschichte?

LKS 2

❷ Geben Sie ganz kurz den Inhalt des Textauszugs wieder.

LKS 3

❸ Beschreiben Sie das Bild oben. Was will der Künstler Otto Nagel mit seiner Kreidezeichnung „Arbeitsloser“ ausdrücken?

LKS 3

❹ Der Autor beschreibt nicht nur das äußere Geschehen, sondern gewährt dem Leser auch Einblicke in das Innenleben der beiden Protagonisten. Setzen Sie auf die Zeile zu Beginn jeden Satzes entweder „Heinz“ oder „Marion“.

- ______________ verschweigt seine Situation, hat Angst vor Status- und Autoritätsverlust.
- ______________ ist zu keiner Reaktion fähig und schweigt.
- ______________ ist hilflos, total verunsichert und sucht nach Halt.
- ______________ hat Mitleid, nimmt die Bemutterungs- und Schutzfunktion ein.
- ______________ verkrampft, leidet unter Unwohlsein, Müdigkeit und Angst vor den anderen.
- ______________ schiebt Selbstsicherheit zur Verdeckung seiner Unsicherheit vor und tritt die Flucht in die Offensive an.
- ______________ ist im Haushalt rastlos tätig, will von der Unsicherheit ablenken und den Fragen der Kinder aus dem Weg gehen.
- ______________ resigniert und nimmt den Statusverlust in Familie und Gesellschaft hin.
- ______________ übernimmt die dominierende Rolle in Familie und Gesellschaft.

Ein Mann fürs Leben

LKS 1

❶ Wie heißen die Hauptpersonen der Geschichte?

Heinz Mattek, 39 Jahre alt (Dreher); seine Frau Marion (Hausfrau); die Kinder Rita und Karsten

LKS 2

❷ Geben Sie ganz kurz den Inhalt des Textauszugs wieder.

Der 39 Jahre alte Dreher Heinz Mattek verliert seinen Arbeitsplatz. Seine Frau Marion und die Kinder informiert er ebenso wenig über seine Entlassung wie seine Arbeitskollegen. Als er im Betrieb von seiner Entlassung erzählt, vereinsamt er völlig. Zu Hause nimmt seine Frau Marion seinen Bericht fassungslos zur Kenntnis. Mattek muss auch seinen Kindern eingestehen, dass er arbeitslos ist. Er ist physisch wie psychisch am Ende.

LKS 3

❸ Beschreiben Sie das Bild oben. Was will der Künstler Otto Nagel mit seiner Kreidezeichnung „Arbeitsloser“ ausdrücken?

Ein arbeitsloser Mann sitzt auf einer Bank, seine Tasche auf den Knien, und stützt sein Gesicht mit seinen Händen ab. Otto Nagel will mit seinem Bild die Verzweiflung und Resignation des Menschen ausdrücken, der arbeitslos geworden ist.

LKS 3

❹ Der Autor beschreibt nicht nur das äußere Geschehen, sondern gewährt dem Leser auch Einblicke in das Innenleben der beiden Protagonisten. Setzen Sie auf die Zeile zu Beginn jeden Satzes entweder „Heinz“ oder „Marion“.

- *Heinz* verschweigt seine Situation, hat Angst vor Status- und Autoritätsverlust.
- *Marion* ist zu keiner Reaktion fähig und schweigt.
- *Heinz* ist hilflos, total verunsichert und sucht nach Halt.
- *Marion* hat Mitleid, nimmt die Bemutterungs- und Schutzfunktion ein.
- *Heinz* verkrampft, leidet unter Unwohlsein, Müdigkeit und Angst vor den anderen.
- *Heinz* schiebt Selbstsicherheit zur Verdeckung der Unsicherheit vor und tritt die Flucht in die Offensive an.
- *Marion* ist im Haushalt rastlos tätig, will von der Unsicherheit ablenken und den Fragen der Kinder aus dem Weg gehen.
- *Heinz* resigniert und nimmt den Statusverlust in Familie und Gesellschaft hin.
- *Marion* übernimmt die dominierende Rolle in Familie und Gesellschaft.

D L | Name: ______________________ | Datum: ______________

❺ Zeigt seine Familie Verständnis für die Situation, in die Heinz Mattek geraten ist? Beantworten Sie die Frage in nur einem Satz. LKS 3

____

____

❻ Worauf deutet die letzte Szene des Textauszugs hin? LKS 3

____

____

____

____

❼ Welche vier Arten der Arbeitslosigkeit kennen Sie? Die Anfangsbuchstaben der Wörter sind vorgegeben. LKS 4

s______________, k______________, st______________ und f______________

Arbeitslosigkeit

❽ Arbeitslosigkeit hat verschiedene Ursachen. Setzen Sie die fehlenden Begriffe in den Lückentext unten ein. LKS 4

① Das Missverhältnis von B__________ und Qu______________

② Andauernder g______________ Wettbewerb bei Lohn, Bildung und Produktivität

③ R______________________ und A______________

④ Ständige Produktivitätss____________________

⑤ Kostendruck durch den W______________ in einer sozialen/freien M______________

❾ Ordnen Sie den fünf Rhetorikfiguren die passenden Beispiele aus dem Text zu. LKS 5

a) Ellipse b) Metapher c) Anapher d) Sprachbild d) Paradoxon e) Gegensatz

_____. Am Ersten war für mich der Letzte.	_____. Mal sehen. Zum Arbeitsamt.
_____. Sie blieben, und er musste gehen.	_____. Mal sehen. Mal die Tapete wechseln.
_____. „Himmel“; „Blaumann“	_____. Blitz aus heiterem Himmel

❿ Erklären Sie die Karikatur von Klaus Struttmann. LKS 5

____

____

____

____

____

____

____

D L Lösung

❺ Zeigt seine Familie Verständnis für die Situation, in die Heinz Mattek geraten ist? Beantworten Sie die Frage in nur einem Satz. LKS3

Nein, zumindest nicht von seinen Kindern, eher schon von seiner Frau Marion, die ihn schützt, zugleich aber auch nahezu „entmündigt“.

❻ Worauf deutet die letzte Szene des Textauszugs hin? LKS3

Mit dem Verlust der traditionellen Rolle des Geldverdieners schwindet für Heinz Mattek auch die Autorität als Familienoberhaupt. Seine Frau Marion hat jetzt das Sagen. Sie muss ihn vor weiteren Fragen der Kinder in Schutz nehmen. Mattek bleibt teilnahmslos, seltsam lethargisch und passiv. Es scheint, als ob er sich aufgegeben hat.

❼ Welche vier Arten der Arbeitslosigkeit kennen Sie? Die Anfangsbuchstaben der Wörter sind vorgegeben. LKS4

s*aisonale*, k*onjunkturelle*, st*rukturelle* und f*riktionelle* Arbeitslosigkeit

❽ Arbeitslosigkeit hat verschiedene Ursachen. Setzen Sie die fehlenden Begriffe in den Lückentext unten ein. LKS4

① Das Missverhältnis von B*edarf* und Qu*alifikation*

② Andauernder g*lobaler* Wettbewerb bei Lohn, Bildung und Produktivität

③ R*ationalisierung* und A*utomation*

④ Ständige Produktivitätss*teigerungen*

⑤ Kostendruck durch den W*ettbewerb* in einer sozialen/freien M*arktwirtschaft*

❾ Ordnen Sie den fünf Rhetorikfiguren die passenden Beispiele aus dem Text zu. LKS5

a) Ellipse b) Metapher c) Anapher d) Sprachbild d) Paradoxon e) Gegensatz

d/e. Am Ersten war für mich der Letzte.

e. Sie blieben, und er musste gehen.

b. „Himmel“; „Blaumann“

a. Mal sehen. Zum Arbeitsamt.

c. Mal sehen. Mal die Tapete wechseln.

d. Blitz aus heiterem Himmel

❿ Erklären Sie die Karikatur von Klaus Struttmann. LKS5

An Stammtischen wird über aktuelle Themen diskutiert, allerdings oft unqualifiziert, mit vorgefassten Meinungen, wenn Alkohol im Spiel ist. Bezieher von Arbeitslosengeld II darf man nicht über einen Kamm scheren, sie haben mit den Pleiten in Euroländern gar nichts zu tun.

Was ich nie vergessen werde ...
(Horst Lange)

Ich werde die tränenüberströmten Gesichter des jungen, schlanken, hochgewachsenen Feldwebels und einer schmalen, schwarzhaarigen, von Schmerz und Angst ganz betäubten Frau nicht vergessen und wie sie mir entgegenkamen, die Treppen des Divisionsgebäudes von Liegnitz herab, aus dem Saal heraus, in dem sie eben ihr Todesurteil gehört hatten, das über sie gefällt worden war, weil sie versucht hatten, den irrsinnigen Krieg, den sie nicht mehr ertragen konnten, hinter sich zu lassen und in einem Boot über den Bodensee zur Schweiz hinüberzuflüchten; den hoffnungslosen, blinden Blick, mit dem er mich streifte, als er auf dem Flur von den Wachen beiseite gewinkt wurde, damit sie ihm die Handschellen wieder anlegten, die er vor Gericht nicht getragen hatte, die machtlose, gleichgültige Geste, mit der er ihnen seine Arme hinhielt, während die Frau schon durch die Tür geführt wurde und der verkrümmte Rücken im sommerlichen Abendlicht noch einmal, zum letztenmal, sichtbar wurde, als lege der Himmel ihr ein wärmendes Tuch um die zuckenden Schultern ...

Ich werde das steinerne, wie ausgelöschte Gesicht des Deserteurs nicht vergessen, der am Vorabend seiner Erschießung in das Reservelazarett 101 in Berlin zur Augenuntersuchung geführt wurde, weil ein Vermerk in seinem Gesundheitsbuch fehlte und vor seiner Tötung noch ergänzt werden sollte; die schlenkernden, marionettenhaften Bewegungen, die er machte, als wäre er jetzt schon nicht mehr am Leben, die gleichmütigen, mechanischen Antworten, die er mit belegter Stimme auf sinnlose Fragen gab; den lauernden Blick des diensteifrigen Postens, der jede seiner Regungen aus schrägen Augen genau beobachtete; das Schweigen, das der Verurteilte hinterließ, als er weggeführt worden war, das uns allen die Kehlen zusammenschnürte und die Geschäftigkeit der Schwestern und Ärzte für Minuten, nur für Minuten lähmte ...

Ich werde das dunkle Gemurmel des Irrsinnigen nicht vergessen, um Mitternacht, an der Front vor Jelnja, während die Geschütze schwiegen, und wie er aus dem Dunkel auf mich zugekommen war, indem ich dort Posten stand, wie er herangeschwebt war, torkelnd, die Arme schlenkernd und mit den Füßen vielleicht gar nicht mehr auf dem Boden, von vorn, aus der ersten Linie, halb ausgezogen, einen Stiefel in der Hand; im stäubenden Sternenlicht, das glitzernd zuckte (als sei der Himmel über dieser zerschlagenen und brandigen Erde von einer fiebrigen Nervosität), wie ein Oger wirkend, der gierig umgeht; die heisere, flüsternde, gedämpfte, zischende Stimme, die mich unaufhörlich fragte, ob ich seine Mutter nicht gesehen hätte, von der man sagte, sie sei hier in der Nähe, den übelriechenden Atem, der mir ins Gesicht wehte, indes drüben, hinter den russischen Stellungen, das Zucken der Abschüsse sichtbar wurde und die Granaten schon über uns hinwegsausten und auf unserer Nachschubstraße einschlugen; die Unruhe, die ihn ergriff, als er das Schießen hörte, und wie er auf einem Bein zu tanzen begann und zu schreien anfing, lauthals zu brüllen, als wir ihn festhielten, weil er auf uns eindringen wollte; und wie das Echo von den Hügeln und Hauswänden zurückschlug, einer höhnischen Lache vergleichbar, und dass die Nacht danach doch wieder ihren täuschenden Frieden zurückgewann, hinter dem so viel Tod lauerte ...

Ich werde den neunzehnjährigen SS-Mann nicht vergessen, im Reserve-Kriegslazarett zu Lublin, wie er, die Stille nicht ertragend, in seinem Bett lag, mit unruhigen Händen über die karierte Decke fahrend, und wie er das Eiserne Kreuz bald von sich wegschob, bald wieder hastig an sich nahm, als könnte es ihm gestohlen werden, und, zuerst noch plappernd, dann aber immer deutlicher und klarer werdend, Geschichten erzählte, denen niemand zuhörte und die von Erschießungen handelten; wie er mitunter, in schlechtem Gewissen verstohlen um sich blickend, halblaut flüsterte und dann wieder dringlicher wurde und seine Stimme erhob; und wie es zuletzt eine einzige Geschichte war, die er unablässig wiederholte, im Bett hochfahrend, auf den Fluren hin und her gehend, jeden mit dieser Geschichte überfallend wie aus dem Hinterhalt seines zunehmenden Wahnsinns, mit der Geschichte gleichsam um sich schlagend, einem Tobsüchtigen vergleichbar, der nicht mehr fähig ist, sich zu beherrschen, und auf alle eindringt, die ihm in den Weg laufen, so lange, bis seine Kräfte ihn verlassen haben und er zusammensackt, um nicht mehr hochzukommen; wie er diese Geschichte immer wieder damit begann, daß er an jenem Tage in Russland, in Borissow oder bei Minsk, schon sechshundert Juden erschossen hatte, er, er allein, mit seiner Maschinenpistole hinter der gesichtslosen Reihe entlanggehend, die am Rande der tiefen Grube kniete; und wie dann seine Stimme plötzlich schrill wurde und zerbarst, als er schilderte, daß eine, die da kniete, sich noch einmal umdrehte und ihr Gesicht zu ihm hinwandte, das kalkweiße Gesicht einer jungen Frau mit dunklen Augen; und wie dann der Satz wiederkehrte, bei dem er jedesmal, wenn er ihn aussprach, ein wenig tiefer in der Finsternis versank, ein einfacher Satz von wenigen Worten, aber er wog schwer genug: „... und da sah ich, dass das ein Mensch war ..."; immer wieder diese neun Worte, die ihn nach unten zogen, mitten in die tiefste Nacht hinein, über den Acheron hinaus, dorthin, woher die Toten kamen, als sie von Odysseus durch jenes Blutopfer beschworen wurden ...

Ich werde das Feldlazarett von Lataschino nicht vergessen, hundertzwanzig Kilometer nordwestlich von Moskau, und wie ich mich aus den wütenden Wirbeln des Schneesturms in diese warme, nach Blut, Kot, Essen, Zigarettenrauch, Schweiß und Desinfektionsmitteln riechende Schulstube gerettet hatte, aus einem Inferno ins andere, aus dem eisigen dort draußen in dieses stickige, wo die Männer sich leerbluteten, weil nicht genügend Verbandmaterial da war, wo sie einem widerlichen Tod aus Nachlässigkeit und Schlamperei erlagen, weil sich niemand um sie kümmerte (diesem Tod, von dem es dann zu Hause hieß: es sei ein Heldentod gewesen – „... kein schönrer Tod ist auf dieser Welt ..." –, einen Blick nur für die Mütter, für die Frauen und Mädchen ins Feldlazarett von Lataschino, dorthin, wohin sie so oft wimmernd mit den letzten Atemzügen von jungen und alten Männern vergeblich gerufen wurden – und sie hätten alle Lügen durchschaut, mit denen dieser Krieg glorifiziert wurde!); die abgebrühten, mechanischen, unbeteiligten Handllangerdienste der Sanitätsdienstgrade, von denen alle Welt wusste, dass sie den Augenblick abpassten, da die Schwerverletzten starben, um ihnen die Ringe, die Uhren und andere Habseligkeiten wegzunehmen; und wie die Tür sich immer wieder auftat, um neue Elendsfiguren einzulassen, während draußen, schon ganz in der Nähe, die russischen Maschinengewehre ihre Todesnähte steppten, auf allen Seiten und unaufhörlich und immer deutlicher; und wie sie den Verbrannten hereintrugen, der sich vor Schmerzen krümmte, und wie sie gleich danach die Bahre mit dem jungen Unteroffizier brachten, dessen Unterleib eine einzige breiige, rote Fleischmasse war, und danach den Feldwebel, der kein Zeichen einer Verwundung aufwies und am Tisch saß, den Kopf in beide Hände gestützt, und weinend um seine Kompanie jammerte: „... meine schöne Kompanie ... meine schöne Kompanie ...", eine Baukompanie von lauter alten Leuten, von Familienvätern, ohne schwere Waffen, die, mit zwanzig Schuss für das Gewehr, zum Einsatz gekommen und in einer halben Stunde aufgerieben worden war; und wie alle ringsum auf den Strohschütten saßen: die mit den in Lumpen gewickelten erfrorenen Gliedmaßen und jene, die nur einen Streifschuss bekommen hatten und sich ganz wohl fühlten und Läuse sammelten aus den Uniformen und rauchten und ihre Kochgeschirre leer löffelten, und keiner hörte auf den Feldwebel, dem die Tränen übers Gesicht liefen, weil er einhundertzwanzig Familienväter verloren hatte und selbst übrig geblieben war ...

Ich werde das nie vergessen, wo alle anderen schon längst nicht mehr daran denken ...

D L	Name: ____________________	Datum: ____________________

Was ich nie vergessen werde ...

❶ Die Floskel „Ich werde ... nicht vergessen“ leitet jeweils eine Episode aus dem Zweiten Weltkrieg ein. Welche Menschen werden in den fünf Szenen vorgestellt? Wo?

LKS 1

① ____________________

② ____________________

③ ____________________

④ ____________________

⑤ ____________________

❷ Ordnen Sie die Begriffe den richtigen Bedeutungen zu.

LKS 2

Acheron •	• Stadt in Schlesien, heute Südwestpolen (Legnica)
Odysseus •	• menschenähnlicher Unhold, Menschenfresser
Deserteur •	• Stadt in Russland
Oger •	• Stadt im Osten Polens
Liegnitz •	• Fahnenflüchtiger, Überläufer
Lublin •	• russische Kleinstadt nördlich Moskaus
Jelnja •	• Held der griechischen Mythologie
Lataschino •	• Fluss in der Unterwelt (griechische Mythologie)

❸ Beschreiben Sie in Stichpunkten das Verhalten der Hauptpersonen in jeder Episode.

LKS 3

① ____________________

② ____________________

③ ____________________

④ ____________________

⑤ ____________________

❹ Was haben alle fünf Personen gemeinsam? Die Bilder helfen Ihnen bei der Beantwortung der Frage.

LKS 3

____

____

Was ich nie vergessen werde ...

❶ Die Floskel „Ich werde ... nicht vergessen" leitet jeweils eine Episode aus dem Zweiten Weltkrieg ein. Welche Menschen werden in den fünf Szenen vorgestellt? Wo?

① *ein Feldwebel, der aufgrund seiner versuchten Flucht zum Tode verurteilt wird (Liegnitz)*

② *ein Deserteur, der am nächsten Tag erschossen wird (Berlin)*

③ *ein an der Front irrsinnig gewordener deutscher Soldat (Jelnja)*

④ *ein neunzehnjähriger SS-Mann, der 600 Juden erschossen hat (Lublin)*

⑤ *ein Feldwebel von einer Baukompanie, der 120 Soldaten verloren hat (Lataschino)*

❷ Ordnen Sie die Begriffe den richtigen Bedeutungen zu.

Begriff	Bedeutung
Acheron	Fluss in der Unterwelt (griechische Mythologie)
Odysseus	Held der griechischen Mythologie
Deserteur	Fahnenflüchtiger, Überläufer
Oger	menschenähnlicher Unhold, Menschenfresser
Liegnitz	Stadt in Schlesien, heute Südwestpolen (Legnica)
Lublin	Stadt im Osten Polens
Jelnja	Stadt in Russland
Lataschino	russische Kleinstadt nördlich Moskaus

❸ Beschreiben Sie in Stichpunkten das Verhalten der Hauptpersonen in jeder Episode

① *weinend; blinder Blick, ohne Hoffnung, machtlos, gleichgültig*

② *„ausgelöschtes Gesicht", gleichmütig, hoffnungslos, schweigend*

③ *torkelnd; heißere, flüsternde Stimme; tanzt, brüllt und schlägt um sich*

④ *fahrig, unruhig; schuldbewusst; schrille, zerberstende Stimme*

⑤ *weint, jammert und bedauert Verlust seiner Soldaten*

❹ Was haben alle fünf Personen gemeinsam? Die Bilder helfen Ihnen bei der Beantwortung der Frage.

Alle befinden sich in Grenzsituationen, die an den Rand ihrer Existenz, ihres physischen und psychischen Fassungsvermögens reichen.

❺ Welche Aussage steckt in jeder der fünf Episoden über das Wesen des Krieges? LKS 4

❻ Warum platziert der Autor die dritte Episode genau in die Mitte der Erzählung? Welche Absicht steckt dahinter? LKS 4

❼ Der Autor bedient sich einer sachlichen, fast reportagenhaften Sprache. Nur an einer Stelle wird sie emotional. Finden Sie diese Stelle heraus. LKS 4

❽ Welche Intention verfolgt der Autor mit dieser Erzählung? Bringen Sie die Intention mit dem Propagandaplakat und dem Bild in Verbindung. LKS 5

❺ Welche Aussage steckt in jeder der fünf Episoden über das Wesen des Krieges?

Das Wesen des Krieges bleibt die Gewalt, der man oft hilflos ausgeliefert ist. Der Mensch verliert seine Humanität. Auch unpolitische Leute üben im Krieg ihren Job aus, der aus Brutalität, Härte und Gewaltarbeit besteht. Wer tötet, auch im Auftrag des Staates, macht sich schuldig.

❻ Warum platziert der Autor die dritte Episode genau in die Mitte der Erzählung? Welche Absicht steckt dahinter?

Genau dort, im Zentrum der Geschichte, manifestiert sich der Irrsinn des Krieges am deutlichsten. Kriege zerbrechen die Psyche des Menschen und töten seine inneren Wurzeln.

❼ Der Autor bedient sich eine sachlichen, fast reportagenhaften Sprache. Nur an einer Stelle wird sie emotional. Finden Sie diese Stelle heraus.

Der Appell steht in Klammern und rüttelt gerade deshalb umso mehr auf. Der Autor Horst Lange verlangt vor allem von den Müttern, Frauen und Mädchen, dass sie einen Blick auf die qualvoll sterbenden jungen und alten Männer im Feldlazarett werfen sollten, die wimmernd in ihrer Todesstunde nach ihnen rufen. Dann hätten sie alle Lügen durchschaut, mit denen dieser Krieg glorifiziert wurde.

❽ Welche Intention verfolgt der Autor mit dieser Erzählung? Bringen Sie die Intention mit dem Propagandaplakat und dem Bild in Verbindung.

Kriege sind furchtbar, irrsinnig und grausam. Das Lied „Kein schönrer Tod auf dieser Welt ...“ ist eine Farce, denn das Sterben im Krieg wird heroisiert. Es gibt keinen schlimmeren Tod auf dieser Welt. Die Überschrift, die jeden Abschnitt einleitet, gibt die Intention des Autors wieder: Er will diese Ereignisse nicht vergessen. Horst Lange weiß aber auch, wie schnell Menschen Unangenehmes verdrängen und vergessen können. Schlimm ist, dass Kriege immer wieder geführt werden, weil Menschen so schnell vergessen. Und das darf nach Ansicht des Autors nie mehr geschehen.

Lesetest: Ein Haus mit Dach
(Irina Korschunow)

Sie hatten sich nach Büroschluss getroffen und waren mit dem Bus hinausgefahren an den Stadtrand, wo der Asphalt wieder zur Erde wird. Sie taten das hin und wieder. Sie wohnten in derselben Straße, einer lauten, farblosen Schlucht ohne Bäume, und es gefiel ihnen, in Alleen mit Villen und Gärten spazieren zu gehen.

„Das ist ein Haus, was?", sagte er, stehen bleibend. „Ein richtiges Haus mit einem richtigen Dach. Keine solche moderne Scheune wie da nebenan." Er machte sich gern über die modernen Scheunen lustig, fast immer mit den gleichen Worten. Auf Haus folgte Dach, sie wusste es, ohne hinzuhören.

„Der große Vogelkäfig dort im Garten!", sagte sie. „Da sind doch mindestens zwanzig Vögel drin. Alle möglichen Arten."

„Ich kann diese modernen Scheunen nicht ausstehen", sagte er. „Für mich kommt nur ein richtiges Haus in Frage, mit einem Dach, so wie dies."

„Unter der Linde wird sicher Kaffee getrunken", sagte sie. „Vielleicht frühstücken die sogar draußen, wenn das Wetter schön ist. Stell dir vor, draußen frühstücken!"

Sie dachte an die grünen Terrassenmöbel im Schlafzimmer der *Einrichtung*, über vierhundert Mark jeder einzelne Stuhl, an das Keramikgeschirr auf dem runden Tisch und an den Küchentisch zu Hause mit der Plastikdecke. Es riecht nach Bratkartoffeln. Wollt ihr noch was? fragt die Mutter, und der Vater isst mürrisch und schweigsam vor sich hin.

„Abends könnte man grillen unter der Linde", sagte sie. „Steaks. Cevapcici ..."

„Oder würdest du etwa so eine Scheune mögen?", fragte er. Er war klein, untersetzt, sein Gesicht blass und gedunsen, weil er so selten an die Luft kam. Tagsüber saß er auf seinem Platz in der Buchhaltung. Wahrscheinlich würde er sein Leben lang auf diesem Platz sitzen, jedenfalls wenn nicht noch mehr Computer kamen und solche wie ihn überflüssig machten. Er war nicht besonders intelligent, keine dynamische Persönlichkeit, wie es in den Stellenanzeigen stand, da brauchte man sich keinen Illusionen hinzugeben. Aber er ging mit ihr. Vielleicht wird er sie sogar heiraten.

„Nein", sagte sie. „Ich möchte auch lieber ein richtiges Haus. Ein Haus mit Dach."

Schließlich, was war mit ihr schon los? Tippen, den ganzen Tag tippen. Die wird noch mal Sekretärin, sagte ihre Mutter manchmal zu den Nachbarinnen. Aber das war Unsinn. Sie tat nichts als tippen, sitzen und tippen, was das Diktiergerät ihr vorplärrte. Sekretärinnen wurden nur die anderen. Die anderen waren hübsch, groß und schlank oder klein und zierlich. Mit schwingenden Hüften, wenn sie durchs Büro gingen, und immer die richtige Antwort im Mund, und niemals brachen denen die Nägel ab. Sie war nicht hübsch. Sie war eckig, ohne Taille, mit viel zu dicken Beinen. Aber vielleicht würde er sie heiraten. Heiraten, nicht bloß mit ihr zusammenziehen und morgen womöglich wieder weg, weil eine von den anderen mehr zu bieten hatte. Heiraten, eine eigene Wohnung, drei Zimmer, Petunien und Begonien auf dem Balkon. Sie konnte gut kochen. Jeden Tag etwas anderes kochen, aufräumen, einmachen, zwei Kinder und endlich nicht mehr das Diktiergerät.

Er sah sie an, wie sie vor der großen Kastanie stand, in dem billigen bunten Sommerrock, sie war sparsam, sie kaufte nur billige Sachen. Jeder konnte sehen, dass sie nicht in dieses Viertel gehörte. Wenn sie wenigstens öfter zum Friseur ginge, so strähnig, wie ihre Haare wieder waren. Die Haare von der Sietz dagegen, locker, seidig, beinahe wie bei dem Mädchen in der Fernsehwerbung. Die Haare von der Sietz, da mal reinfassen dürfen! Aber die Sietz hat natürlich einen Abteilungsleiter. Die schönen Mädchen haben doch immer einen Abteilungsleiter, dachte er.

„So ein Haus", sagte sie. „Eine Linde davor ..."

„Aber ein richtiges Haus", fing er wieder an. „Nicht, was manche Leute sich zusammenbauen. Ohne Dach."

Er kam ihr plötzlich lächerlich vor mit seinem Gerede von dem Dach. Er würde nie ein Haus bauen, kein Haus mit Dach, kein Haus ohne Dach. Er gehörte nicht zu den Leuten, die Häuser bauen.

„Ich würde jeden Nachmittag unter der Linde Kaffee trinken", sagte sie. „Und drinnen eine

Treppe, eine geschwungene, aus dunklem Holz. Und ein Kamin in der Halle.“

„Ja, Halle“, sagte sie. „Eine Halle, ein Kamin, tiefe Sessel. Dach oder kein Dach – aber ein Haus mit einer Treppe und einem Kamin und eine Linde davor ...“

Sie sprach nicht zu ihm, mehr in die Luft hinein, den Kopf zurückgelegt. Ein Haus, ein Haus, Grün vor den Fenstern, wenn man erwacht, im Winter Schnee auf den Wegen, fester, weißer Schnee. Ein Haus mit einer Treppe, die mir gehört, nicht diese abgewetzten Stufen zum ersten, zweiten, dritten, vierten Stock, nicht mehr die vielen Menschen, nicht mehr der ewige Geruch nach anderen Leuten, Gulasch, Sauerkraut und jeden Freitag Fischfilet. Ein Haus im Grünen, Alleinsein, Stille, Kaffeetrinken unter der Linde ...

Er hatte sie noch nie so erlebt, mit dieser Auflehnung, diesen Wünschen und Forderungen. Sie sah anders aus als sonst, wie jemand von denen, die sich nehmen, was sie haben wollen, herrisch und selbstverständlich. Er hatte plötzlich Angst – Angst vor der fremden Kraft, die aus ihr herausbrach, aber zugleich gefiel sie ihm auch – auf eine neue Weise, wie etwas, das ihm eigentlich nicht zustand, schwach und mittelmäßig, wie er war. Ob sie ihn überhaupt heiraten wollte? Fast alle im Büro überflügelten ihn, er würde zurückbleiben, wenig Geld, Anschnauzer aus jeder Ecke. Die Welt stand ihm nicht offen, die Welt gehörte den Tüchtigen, die große weite Welt mit Tennisplätzen und Pferderücken und Landrovern auf Wüstenpisten. Vielleicht ein VW für ihn, mehr nicht. Ein Wunder, dass die Firma ihn genommen hatte.

„Ich werde wohl nie ein Haus bauen“, sagte er in ihre Worte hinein. Er würde nie ein Haus bauen, sie wusste es ohnehin. Sie wohnten beide in derselben Straße, einer Straße ohne Bäume. Motorenlärm Tag und Nacht, Gestank vom Chemiewerk, der Dreck in der Luft zerfraß Fassaden und Fensterfarben. Wer konnte, zog in bessere Viertel, in Häuser am Stadtrand.

„Willst du mich heiraten?“, fragte er. Ich will ein Haus, dachte sie. Ich will weg aus der Straße. Ich will es. Ich schaffe es.

Ihr war, als brauche sie sich nur abzuschnellen. Sie sah sich durch das Büro gehen, die Bluejeans eng und glatt über den Hüften. Sie arbeiten ausgezeichnet, sagt der Direktor. Da wird gerade eine Sekretärinnenstelle frei. Sie sitzt im Vorzimmer, drei Telefone, reiche Geschäftspartner, die auf ihre Vermittlung beim Chef warten. Sie geht ins Theater, ein großer, braun gebrannter Mann neben ihr, sie fahren im Wagen, leise spielt das Radio, eine Bar, der Ober bringt Sekt. Und dann das Haus, ein weißes Haus im grünen Garten, die Linde ...

Der alte Traum, sie träumte den alten Traum, hautnah, durch jede Pore zu spüren.

„Willst du mich heiraten?“, fragte er noch einmal, dicht vor ihr, die vielen subalternen Jahre, die kommen würden, schon vorgezeichnet in seinem Gesicht.

Sie sah hinein wie in einen Spiegel. Der Traum brach auseinander. Sie war eckig und farblos, nie würden ihre Hüften schwingen, kein braun gebrannter Chef stand für sie am Weg und wartete.

„Willst du?“, fragte er und griff nach ihrer Hand. Seine Stimme klang belegt, atemlos.

Sie wusste plötzlich, dass er sie wirklich wollte, nicht nur, weil sie in derselben Straße wohnte. Dass er sie wollte, wirklich wollte.

„Ja“, sagte sie.

D$_L$	Name: ______________________	Datum: ______________

Lesetest: Ein Haus mit Dach

❶ Wer sind die Hauptpersonen der Erzählung? (2) LKS1

____

____

❷ Beschreiben Sie die Wohngegend, in der die Protagonisten wohnen. (4) LKS2

____

____

____

❸ Worum geht es in der Erzählung? Kreuzen Sie die richtige Antwort an. (2) LKS2

- ☐ Beide suchen sich einen Bungalow, den sie sich sehnlichst wünschen und kaufen wollen.
- ☐ Sie werden kein Haus kaufen und sich mit einer einfachen Mietwohnung begnügen müssen.
- ☐ Beide suchen ein einfaches Haus „mit Dach“ und kleinem Garten, das sie kaufen wollen.
- ☐ Sie können sich zwar kein Haus kaufen, aber eine normal ausgestattete Eigentumswohnung.
- ☐ Sie planen, sich eine großzügige Wohnung in einer ansprechenden Wohngegend zu mieten.

❹ Welche Wünsche hat der Mann, wenn es um das zukünftige Leben geht? (6) LKS3

____

____

____

____

❺ Was erträumt sich die Frau von ihrem zukünftigen Leben? (6) LKS3

____

____

____

____

❻ Die Erzählung pendelt ständig zwischen zwei Ebenen hin und her. Finden Sie heraus, um welche es sich handelt? (4) LKS3

- ____
- ____

Lesetest: Ein Haus mit Dach

LKS1

❶ Wer sind die Hauptpersonen der Erzählung? (2)

ein jüngerer Mann (kleiner Büroangestellter) und eine jüngere Frau (einfache Schreibkraft)

LKS2

❷ Beschreiben Sie die Wohngegend, in der die Protagonisten wohnen. (4)

Die beiden Hauptpersonen leben in billigen Wohnungen in einer Straße ohne Bäume mit Motorenlärm rund um die Uhr, Gestank von einem Chemiewerk und heruntergekommenen Fassaden sowie abblätternden Fensterfarben.

LKS2

❸ Worum geht es in der Erzählung? Kreuzen Sie die richtige Antwort an. (2)

☐ Beide suchen sich einen Bungalow, den sie sich sehnlichst wünschen und kaufen wollen.

☒ Sie werden kein Haus kaufen und sich mit einer einfachen Mietwohnung begnügen müssen.

☐ Beide suchen ein einfaches Haus „mit Dach" und kleinem Garten, das sie kaufen wollen.

☐ Sie können sich zwar kein Haus kaufen, aber eine normal ausgestattete Eigentumswohnung.

☐ Sie planen, sich eine großzügige Wohnung in einer ansprechenden Wohngegend zu mieten.

LKS3

❹ Welche Wünsche hat der Mann, wenn es um das zukünftige Leben geht? (6)

Der sehnlichste, aber nicht realisierbare Wunsch des Mannes ist ein Haus mit einem richtigen Dach. Vielleicht kann er sich noch ein Auto kaufen, aber nur einen kleinen VW.

LKS3

❺ Was erträumt sich die Frau von ihrem zukünftigen Leben? (6)

Die Frau träumt von einem weißen Haus mit Halle, Kamin, toller Einrichtung und einem Garten mit einer Linde. Beruflich sieht sie sich als erfolgreiche Chefsekretärin, privat mit einem großen, braun gebrannten, erfolgreichen Mann liiert, der ihr hohen Lebensstandard bietet.

LKS3

❻ Die Erzählung pendelt ständig zwischen zwei Ebenen hin und her. Finden Sie heraus, um welche es sich handelt? (4)

- *Ebene der Wunschvorstellungen, der Tagträume, der Fantasie*
- *Ebene der Wirklichkeit, der alltäglichen und ernüchternden Realität*

D L	Name: ______________________	Datum: ______________

❼ Wie beurteilt der junge Mann seine Freundin? Wie sieht er sich selbst? (6) LKS 3

____

____

____

____

____

❽ Wie beurteilt die jungen Frau ihren Freund? Wie sieht sie sich selbst? (6) LKS 3

____

____

____

____

____

____

____

❾ Warum gibt die junge Frau dem Mann ihr Ja-Wort, obwohl sie weiß, dass sich ihre Träume wahrscheinlich nie erfüllen werden? (4) LKS 4

____

____

❿ Wie finden Sie die Erzählung von ihrer Grundstimmung her optimistisch oder pessimistisch? Begründen Sie kurz. (10) LKS 5

____

____

____

____

____

____

____

____

____

50

D L Lösung

❼ Wie beurteilt der junge Mann seine Freundin? Wie sieht er sich selbst? (6)

Sie ist nicht hübsch. Sie hat strähniges Haar und geht nur selten zum Friseur. Sie ist sparsam und trägt nur billige Kleidung. Jeder kann sehen, dass sie nicht in ein vornehmes Viertel passt.

Ich werde niemals ein Haus bauen. Ich bin schwach und mittelmäßig. Mich wundert, dass die Firma mich überhaupt angestellt hat.

❽ Wie beurteilt die jungen Frau ihren Freund? Wie sieht sie sich selbst? (6)

Er ist nicht hübsch. Er ist klein, untersetzt und hat ein blasses und aufgedunsenes Gesicht. Er als kleiner Buchhalter wird im Betrieb niemals aufsteigen, denn er ist nicht besonders intelligent und keine dynamische Persönlichkeit.

Ich werde keine Sekretärin werden, ich sitze nur den ganzen Tag vor dem Diktiergerät und tippe. Ich bin eckig, farblos, ohne Taille, mit viel zu dicken Beinen. Ich kann meine Hüften nicht schwingen und meine Nägel brechen immer ab. Ich finde auch nie die richtige Antwort, wenn ich gefragt werde.

❾ Warum gibt die junge Frau dem Mann ihr Ja-Wort, obwohl sie weiß, dass sich ihre Träume wahrscheinlich nie erfüllen werden? (4)

Die junge Frau merkt, dass ihr Freund sie wirklich will, sie ernsthaft liebt. Sie sucht Geborgenheit und findet sie, auch ohne Haus mit Dach.

❿ Wie finden Sie die Erzählung von ihrer Grundstimmung her optimistisch oder pessimistisch? Begründen Sie kurz. (10)

Die Grundstimmung der Erzählung kann optimistisch, aber auch pessimitisch gesehen werden. Optimistisch stimmt, dass die junge Frau nach ihrem „Ja" zur Heirat das Vertrauen zu ihrem Freund und zu sich selbst hat, ihre Lage zum Positiven zu wenden. Obwohl ihr klischeehafter Traum zerplatzt ist, spürt sie noch etwas von der Kraft ihres Wollens. Sie will mit ihm „weg von dieser Straße". Auch der Titel wirkt positiv. Er kann als Chiffre für Geborgenheit und Versorgtheit verstanden werden. Pessimistisch stimmt, dass beide in ihrer kleinen Welt keine Entwicklungsmöglichkeiten haben und aus ihrem Milieu kaum herauskommen werden.

Mit Optimismus in die Zukunft
Die Jugend heute

Deutschland schaut auf seine Jugend und erkennt sich nicht wieder. Statt der sprichwörtlichen „German Angst", der Selbstzweifel und des Pessimismus sehen die Deutschen bei ihren Kindern mit einem Mal eine fast unverschämte Zuversicht.

„Wie stellen Sie sich Ihre Zukunft vor?", haben die Macher der 16. Shell-Studie 2500 repräsentativ ausgewählte Jugendliche zwischen 12 und 25 gefragt. Wie sollte die Antwort wohl ausfallen, mögen sich die Forscher gedacht haben, kurz nach der schwersten Wirtschaftskrise seit dem Zweiten Weltkrieg, angesichts von Umweltkatastrophen und einer astronomischen Staatsverschuldung.

Und dann dies: Die Jugendlichen des Jahres 2010 glauben an die Zukunft wie kaum eine Generation zuvor. 59 Prozent von ihnen zeigen sich uneingeschränkt zuversichtlich, die Gruppe der Pessimisten ist mit sieben Prozent fast schon eine zu vernachlässigende Größe.

Seit 1953 fragen die Shell-Forscher in regelmäßigen Abständen die jungen Deutschen nach ihren Einstellungen und Hoffnungen. Das macht die Jugendstudie zum wichtigsten Stimmungsbarometer immer neuer Jugendkulturen, und dieses Barometer verzeichnete bereits vor vier Jahren unerwartete Ausschläge: Tugenden und Ideale wie Fleiß, Pflichterfüllung oder familiäres Glück standen bei vielen Jugendlichen wieder hoch im Kurs. Die jungen Deutschen, zeigte sich bereits damals, sind ehrgeizig, tatkräftig – sie wollen aber auch auf den Genuss nicht verzichten. Eine unpolitische Strebergeneration wachse da heran, befanden ergraute Rebellen schon 2006 und brandmarkten die Kinder von heute als charakterlose Spießer.

Doch sie irren sich: Die Jugendlichen lassen sich in ihrem Optimismus nicht in solche Schubladen stecken. Sie mögen an ihrem eigenen Fortkommen interessiert sein und Parteipolitik langweilig finden, aber sie setzen sich mit Klimawandel und Generationengerechtigkeit auseinander, sie organisieren Politfestivals und beteiligen sich an Onlinepetitionen. Was sie eint, ist ein unerschütterlicher Glaube an die Zukunft.

Ein Glaube, der sich in Zahlen fassen lässt: 74 Prozent der Jugendlichen sagen, sie seien mit ihrem Leben zufrieden. Die Globalisierung ist für sie zuallererst ein Synonym für Reisefreiheit und kulturelle Vielfalt – mehr als 80 Prozent von ihnen äußern sich so, während die Zahl derjenigen, die Globalisierung mit Arbeitslosigkeit und Umweltzerstörung verbinden, deutlich gesunken ist. So viel jugendlicher Optimismus mag auf den ersten Blick naiv wirken in einer Gesellschaft, die rasch altert, der die Kinder ausgehen und die in einen enormen Fachkräftemangel hineinläuft.

Zur besorgniserregenden Wahrheit gehört auch, dass bei den sozial Benachteiligten, zu denen die Forscher etwa jeden zehnten Jugendlichen zählen, das Vertrauen in die Zukunft weitaus geringer ist als bei ihren Altersgenossen; gegen den Trend hat deren Vertrauen sogar noch einmal abgenommen. Gerade ein Drittel von ihnen mag den Optimismus ihrer Generation teilen. Eine immer größere Kluft tut sich hier auf. Auf der einen Seite steht eine erdrückende Mehrheit von 90 Prozent der Jugendlichen, die die gesellschaftlichen Probleme als Beweis dafür sehen, dass es auf sie ankommt; auf der anderen Seite zehn Prozent, die fürchten, von ihrer Chancenlosigkeit erdrückt zu werden.

Und dennoch: Selten war eine Generation so optimistisch wie die jetzige. Durch die Brille der 90 Prozent betrachtet, sehen die Schreckensszenen von einst aus wie willkommene Gelegenheiten, sich zu bewähren. Angst vor Arbeitslosigkeit? Für die unter 25-Jährigen kein Thema mehr – sie wissen, dass sie sich die Jobs werden aussuchen können. Angst vor den Folgen der globalen Verschmutzung? Sie sind die Kinder der digitalen Revolution – sie glauben unerschütterlich daran, dass sie mit neuen Technologien den Weg zu einem umweltfreundlichen Wirtschaftswachstum finden werden. Angst um die Rente? Sie haben längst akzeptiert, dass sie für sich selbst vorsorgen müssen – und die Erkenntnis, dass sie auf Generationengerechtigkeit nicht werden zählen können, rührt sie wenig.

Was sie rührt, ist das einmalige Gefühl gebraucht zu werden. Weil ihre Generation die Fehler der Vorgänger ausbügeln muss. Es ist ein Gefühl der Macht, das viele der ohnmächtigen Jugendgenerationen vor ihnen – all jene, die in den Jahrzehnten der Massenarbeitslosigkeit und sozialen Stagnation aufwuchsen – nicht kannten.

Aus ihm heraus wächst die Gewissheit, dass sie etwas bewegen können, wenn sie es nur anpacken. Und genau das wollen sie: anpacken. Nicht so sehr um einer höheren Idee willen, sondern weil sie ein besseres Leben wollen, für sich und ihre Familien. Denn dass diese Jugendlichen selbst Kinder bekommen wollen, das versteht sich fast von selbst: Es ist der ultimative Ausdruck ihres Selbstvertrauens, das sie von den über Dreißigjährigen unterscheidet und das ihnen die Gewissheit gibt, ihren Kindern eine lebenswerte Welt hinterlassen zu können.

Nein, die Jugend des Jahres 2010 ist weder naiv noch auf einfältige Weise idealistisch, erst recht nicht ist sie unpolitisch. Sie mag anders sein, als viele sie gern hätten, weniger rebellisch, konservativer, ja sogar materialistisch. Aber in ihrem zugreifenden Pragmatismus ist sie womöglich das Beste, was diesem Land in Zeiten eines tief greifenden Wandels passieren kann. Diese Jugend könnte sogar in der Lage sein, die verheißungsvolle Zukunft, an die sie glaubt, tatsächlich zu schaffen.

D L Name: ____________________ Datum: ____________________

Mit Optimismus in die Zukunft

❶ Kreuzen Sie die Aussagen an, die bezogen auf die Shell Jugendstudie 2010 stimmig sind. (LKS 1)

☐ Die Jugend ist an der Zukunft desinteressiert.

☐ Die Jugend glaubt unerschütterlich an die Zukunft.

☐ Fleiß und Pflichterfüllung ist der Jugend wichtig.

☐ Die Gruppe der Pessimisten ist ziemlich groß.

☐ Die Jugend heute ist naiv und unpolitisch.

☐ Die Jugend heute ist zugreifend pragmatisch.

☐ Die Jugend hat enorme Angst vor Arbeitslosigkeit.

❷ Jugendliche sind bereit, die Herausforderungen der Zukunft anzunehmen. Fassen Sie das in einem kurzen Text zusammen. (LKS 2)

____

____

____

____

❸ Folgende Begriffe kommen im Text als Fremdwörter vor. Suchen Sie diese heraus und ordnen Sie sie passend zu. (LKS 3)

- Schwarzseherei = ______________
- Stillstand = ______________
- sinnverwandtes Wort = ______________
- kindlich, unbefangen = ______________
- weltweite Verflechtung = ______________

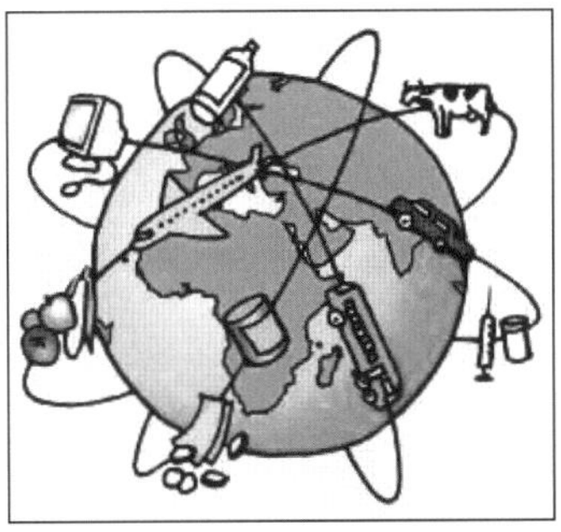

❹ Erklären sie die unten angeführten Formulierungen. (LKS 3)

① „... sie setzen sich mit ... Generationengerechtigkeit auseinander, ...“ (Z. 44–46)

____

____

____

② „... sind Kinder der digitalen Revolution – ...“ (Z. 88)

____

____

____

Mit Optimismus in die Zukunft

❶ Kreuzen Sie die Aussagen an, die bezogen auf die Shell Jugendstudie 2010 stimmig sind. (LKS 1)

- ☐ Die Jugend ist an der Zukunft desinteressiert.
- ☒ Die Jugend glaubt unerschütterlich an die Zukunft.
- ☒ Fleiß und Pflichterfüllung ist der Jugend wichtig.
- ☐ Die Gruppe der Pessimisten ist ziemlich groß.
- ☐ Die Jugend heute ist naiv und unpolitisch.
- ☒ Die Jugend heute ist zugreifend pragmatisch.
- ☐ Die Jugend hat enorme Angst vor Arbeitslosigkeit.

❷ Jugendliche sind bereit, die Herausforderungen der Zukunft anzunehmen. Fassen Sie das in einem kurzen Text zusammen. (LKS 2)

Was sie eint, ist ein unerschütterlicher Glaube an die Zukunft. Sie haben keine Angst vor Arbeitslosigkeit und vor dem Ausbleiben der Altersversorgung oder den Folgen der globalen Verschmutzung. Sie glauben fest daran, dass sie mit neuen Technologien den Weg zu einem umweltfreundlichen Wirtschaftswachstum finden werden. Sie glauben, dass sie etwas bewegen können.

❸ Folgende Begriffe kommen im Text als Fremdwörter vor. Suchen Sie diese heraus und ordnen Sie sie passend zu. (LKS 3)

- Schwarzseherei = *Pessimismus*
- Stillstand = *Stagnation*
- sinnverwandtes Wort = *Synonym*
- kindlich, unbefangen = *naiv*
- weltweite Verflechtung = *Globalisierung*

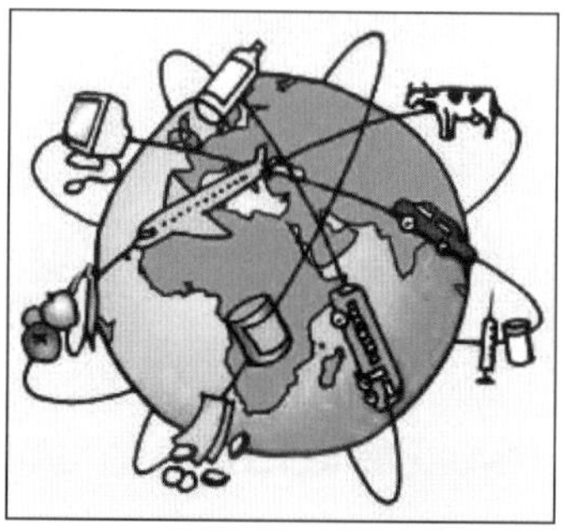

❹ Erklären sie die unten angeführten Formulierungen. (LKS 3)

① „... sie setzen sich mit ... Generationengerechtigkeit auseinander, ..." (Z. 44–46)

Generationengerechtigkeit bedeutet, dass die Chancen der heutigen Jugend auf Befriedigung ihrer eigenen Bedürfnisse mindestens so groß sein sollen wie die der heutigen Erwachsenen. Die Jugend weiß aber, dass sich das nicht realisieren lässt, sie muss für sich selbst vorsorgen.

② „... sind Kinder der digitalen Revolution – ..." (Z. 88)

Der durch Digitalisierung und Computer ausgelöste Umbruch seit Ausgang des 20. Jahrhunderts bewirkt einen Wandel sowohl der Technologien als auch fast aller Lebensbereiche. Die Jugend wächst damit auf und glaubt an die positiven Aspekte des technischen Fortschritts.

D L | Name: ______________________ | Datum: ______________________

❺ Die Jugend wird in der Gesellschaft sehr unterschiedlich wahrgenommen. Zeigen Sie dies anhand der Karikatur und des Schaubildes. (LKS 4)

____

____

____

____

____

____

____

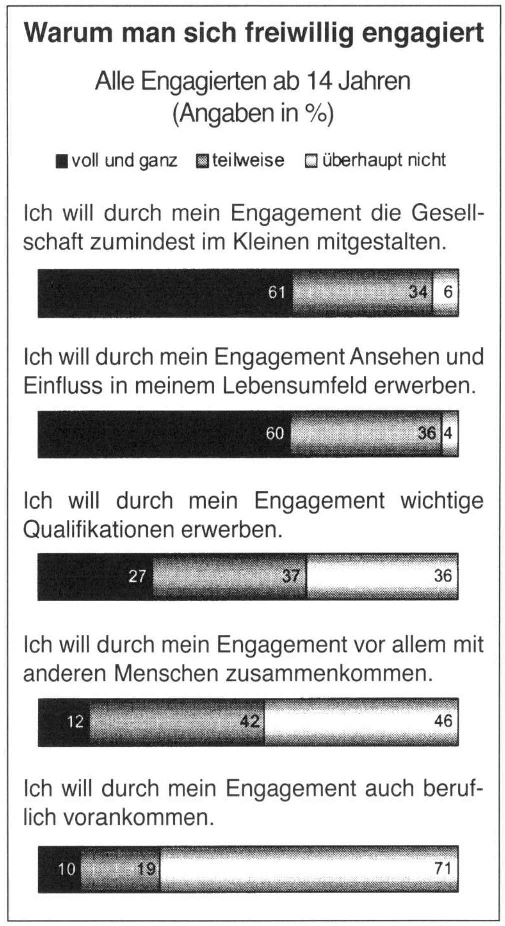

❻ Das Schaubild unten zeigt die heutige Jugend etwas kritischer. Schreiben Sie Ihre Meinung dazu in einem Satz. (LKS 4)

____

____

____

❼ „Es liegt an Ihnen, was Sie aus Ihrem Leben machen." Finden zu dieser Aussage einige Argumente. Schreiben Sie diese stichpunktartig auf. (LKS 5)

____

____

____

____

____

____

❺ Die Jugend wird in der Gesellschaft sehr unterschiedlich wahrgenommen. Zeigen Sie dies anhand der Karikatur und des Schaubildes.

Viele Jugendliche sind bereit zu helfen, denken aber wirtschaftlich und wollen für ihre Hilfe bezahlt werden, was sehr nach „Abzocke" aussieht. Dass Jugendliche sich in Vereinen, als Ministranten oder bei der Feuerwehr freiwillig engagieren und bei Veranstaltungen aktiv, verantwortungsvoll und unentgeltlich tätig werden, zeigt die andere Seite der heutigen Jugend.

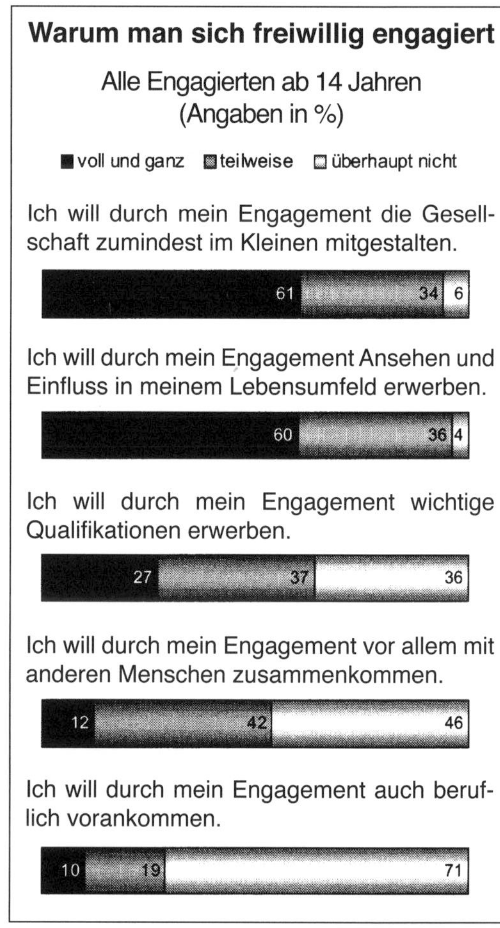

❻ Das Schaubild unten zeigt die heutige Jugend etwas kritischer. Schreiben Sie Ihre Meinung dazu in einem Satz.

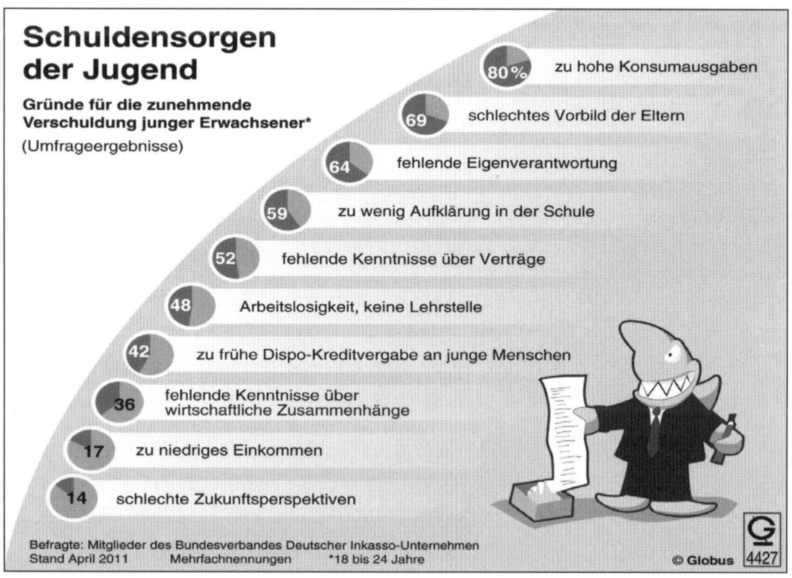

Viele Jugendliche verschulden sich hoch, weil sie sich mehr kaufen als sie sich leisten können und die Konsequenzen nicht bedenken.

❼ „Es liegt an Ihnen, was Sie aus Ihrem Leben machen." Finden zu dieser Aussage einige Argumente. Schreiben Sie diese stichpunktartig auf.

I. Es liegt an mir, dass ich etwas aus meinem Leben mache: gute Prüfungen absolvieren, bestmöglichen Abschluss anstreben, eigene Fähigkeiten und Fertigkeiten verbessern (Fleiß, Energie), selbstbewusstes, sicheres Auftreten und Schlüsselqualifikationen schulen, sich weiter- und fortbilden, sich bestens bewerben, zu einem Partner eine positive Beziehung aufbauen

II. Es gibt Erschwernisse, die verhindern können, dass ich aus meinem Leben etwas mache: finanzielle Lage (Schulden), soziale Lage (Abstammung, Gruppeneinflüsse), Gesellschaft (Politik, Wirtschaft)

Der Atomausstieg und die Folgen
Was die Wende bringt

Atomkraftwerke werden abgeschaltet, die Energiewirtschaft muss sich nach neuen Quellen umschauen, Gebäude sollen energiesparender werden. Die beschlossene Energiewende betrifft nicht nur Unternehmen, auch Verbraucher werden die Folgen spüren.

Drei Jahrzehnte hatten die Kernkraftgegner in Deutschland darum gekämpft, nun ist der Ausstieg aus der Atomkraft perfekt. Nach dem Beschluss des Bundestags bleibt in der Energieversorgung des Landes in den kommenden Jahren kaum ein Stein auf dem anderen. Atomkraftwerke werden abgeschaltet, die Energiewirtschaft wird umgebaut, Gebäude sollen energiesparender werden. Das Paket aus acht Gesetzen betrifft längst nicht nur Unternehmen. Auch Verbraucher werden die Beschlüsse spüren.

Die nach Fukushima bereits stillstehenden sieben Kraftwerke Biblis A und B, Neckarwestheim I, Brunsbüttel, Isar I, Unterweser, Philippsburg I dürfen nie wieder ans Netz. Auch der schon länger abgeschaltete Pannenmeiler Krümmel wird endgültig stillgelegt. Die Bundesnetzagentur soll bis zum Herbst entscheiden, ob ein AKW im Fall von Stromengpässen bis 2013 in Bereitschaft bleiben soll. Danach gehen die restlichen neun Kraftwerke bis 2022 vom Netz: 2015 Grafenrheinfeld, 2017 Gundremmingen B, 2019 Philippsburg II, 2021 Grohnde, Brokdorf und Gundremmingen C. Im Jahr 2022 Isar II, Neckarwestheim II und Emsland. Die Atomkonzerne dürfen noch Reststrommengen der ältesten auf neuere Meiler übertragen.

Bei der Atomsteuer bleibt die Regierung jedoch hart: Trotz Rücknahme der Laufzeitverlängerung hält sie an der Brennelementesteuer fest. Sie bringt dem Staat jedoch nur noch 1,3 statt der bislang eingeplanten 2,3 Milliarden Euro pro Jahr.

Was mit der strahlenden Hinterlassenschaft der Atomkraftwerke geschehen soll, ist noch immer offen. Dabei drängt die Zeit. Selbst im günstigsten Fall ist nicht vor 2030 mit einem Endlager zu rechnen. Nun will Berlin die Standortsuche forcieren. Bis Jahresende soll es eine gesetzliche Regelung geben. Neben der Erkundung des Salzstocks in Gorleben, die bereits rund 1,5 Milliarden Euro gekostet hat, sollen weitere geologische Untersuchungen vorgenommen werden – möglicherweise bundesweit.

Ohne neue Ökostromkapazitäten kann die Energiewende nicht gelingen. Ziel in der Neufassung des Erneuerbaren Energien Gesetzes (EEG) ist die Verdoppelung des Ökostrom-Anteils auf mindestens 35 Prozent bis spätestens 2020. Vor allem Windparks auf hoher See werden stärker gefördert. Vor den Küsten sollen bis 2030 Kapazitäten von 25000 Megawatt entstehen. Das entspricht 20 Großkraftwerken. Die Regierung verspricht für den Bau der ersten zehn Windparks KfW-Kredite in Höhe von fünf Milliarden Euro. Dagegen werden die Fördersätze für Windparks an Land und die Solarenergie gekürzt.

So soll der Anstieg der Strompreise gemildert werden. Denn die Belastung ist hoch: Die Verbraucher finanzieren über den Strompreis bereits etwa 13 Milliarden Euro an Zuschüssen für die Anbieter grünen Stroms. Diese sogenannte Ökostromumlage soll künftig nicht über die 2011 anfallenden 3,5 Cent pro Kilowattstunde steigen. Weil die Deutschen ihren Energiebedarf allein mit Strom aus Wind, Wasser und Sonne noch lange nicht decken können, treibt die Regierung den Bau neuer Kraftwerke voran. Mit einem Beschleunigungsprogramm sollen Kapazitäten von bis zu zehn Gigawatt – etwa zehn große Kraftwerke – gebaut werden, um den Wegfall der AKW aufzufangen. So sollen neue Gaskraftwerke entstehen. Um den Strom im Land besser verteilen zu können, wird der Ausbau der Stromnetze beschleunigt. Die Regierung will die Kompetenzen zwischen Bund und Ländern neu ordnen. Ziel ist es, Planungszeiträume von acht auf vier Jahre zu halbieren.

Das auslaufende Programm zur Gebäudesanierung wird wiederbelebt und ausgebaut: Die Regierung will das Förderprogramm mit zinsgünstigen Krediten auf 1,5 Milliarden Euro ab 2012 aufstocken. Zudem sollen rückwirkend ab 6. Juni jährlich zehn Prozent solcher Sanierungskosten von der Steuer abgesetzt werden können. Mieter sollen während dieser Sanierungen drei Monate lang nicht mehr die Miete kürzen können; bis zu elf Prozent der Kosten können auf die Jahresmiete aufgeschlagen werden.

Energieintensive Unternehmen wie Stahlhersteller fürchten angesichts steigender Strompreise in Deutschland um ihre Existenz und trommelten deshalb vor dem Ausstiegsbeschluss der Regierung für Ausnahmen. Mit Erfolg: Der Bundestag beschloss, dass sie nicht übermäßig belastet werden dürfen. Für rund 4000 mittelständische Betriebe soll es ab 2013 einen finanziellen Ausgleich im Umfang von insgesamt einer halben Milliarde Euro jährlich geben. Experten rechnen allerdings mit juristischen Problemen, denn es gibt europarechtliche Bedenken gegen die Hilfen.

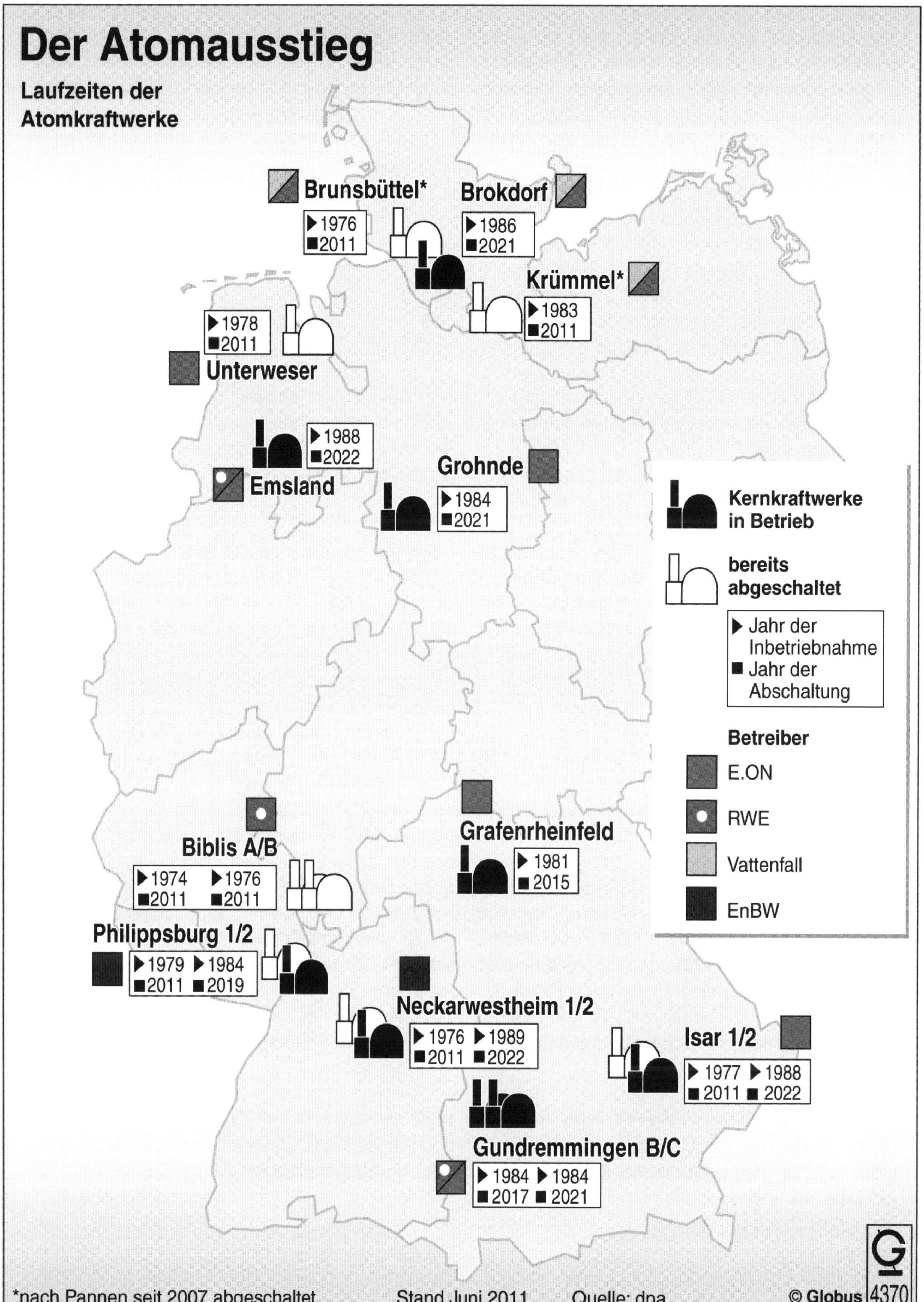
Der Atomausstieg
Laufzeiten der Atomkraftwerke
Brunsbüttel* ▶1976 ■2011
Brokdorf ▶1986 ■2021
Krümmel* ▶1983 ■2011
Unterweser ▶1978 ■2011
Emsland ▶1988 ■2022
Grohnde ▶1984 ■2021
Biblis A/B ▶1974 ■2011 ▶1976 ■2011
Grafenrheinfeld ▶1981 ■2015
Philippsburg 1/2 ▶1979 ■2011 ▶1984 ■2019
Neckarwestheim 1/2 ▶1976 ■2011 ▶1989 ■2022
Isar 1/2 ▶1977 ■2011 ▶1988 ■2022
Gundremmingen B/C ▶1984 ■2017 ▶1984 ■2021
Kernkraftwerke in Betrieb
bereits abgeschaltet
▶ Jahr der Inbetriebnahme
■ Jahr der Abschaltung
Betreiber
E.ON
RWE
Vattenfall
EnBW
*nach Pannen seit 2007 abgeschaltet
Stand Juni 2011
Quelle: dpa
© Globus 4370

Der Atomausstieg und die Folgen
Was Strom kosten darf – die Energie-Lüge

Was kostet Energie? Von „bezahlbarem Strom“ zu sprechen, ist im Grunde Betrug. Es ist eine Scheinwelt, in der Energie so billig ist, dass sie hemmungslos verschleudert werden kann, die wahren Kosten sind weit höher, als sie auf den Stromrechnungen erscheinen. Eine verantwortliche Energiepolitik wird teurer für den Verbraucher. Aber sollte es uns das nicht wert sein?

Was kostet Energie? Einen Euro und siebzig Cent pro Liter Super-Benzin würde vielleicht ein Autofahrer antworten. 100 Dollar das Barrel Rohöl könnte ein Börsenmakler vorrechnen. Und eine Familie müsste auf die knapp 25 Cent verweisen, die ihr Stromanbieter für die Kilowattstunde in Rechnung stellt. Doch alle diese Antworten sind falsch.

Die wahren Kosten von Energie liegen viel höher; wahrhaben möchte das aber niemand. Das ist in Deutschland das große Problem der festgefahrenen Debatte über die Energie der Zukunft. Strom müsse „bezahlbar“ bleiben, fordern jene Volksvertreter, die noch vor wenigen Wochen leidenschaftlich für die Kernkraft eintraten und nun, weil das nicht mehr opportun erscheint, mit schmaleren Lippen die Nachteile eines Atomausstiegs betonen. Bezahlbar? Das klingt konsensfähig. Aber im Grunde ist es Betrug. Der Begriff „bezahlbar“ als Synonym für „so billig wie bisher“ suggeriert, die heutige Welt könne unverändert erhalten bleiben. Es ist eine Scheinwelt, in der Energie so billig ist, dass sie hemmungslos verschleudert werden kann. Es ist eine Welt, in der sich kaum jemand darum schert, ob sein Computer über Nacht ausgeschaltet ist, wie viel der Kühlschrank verbraucht und wie viel Wärme durch schlecht gedämmte Fenster verpufft.

In dieser Welt kostet ein 159-Liter-Fass Erdöl weniger als eine Nacht im Mittelklassehotel. Menschen pendeln mit Autos zur Arbeit, die so viel Leistung haben wie vor hundert Jahren ein ganzes Elektrizitätswerk.

In dieser Welt kann man eine 60-Watt-Glühbirne 37 Stunden lang brennen lassen zum Preis einer Standard-Briefmarke. Natürlich profitiert die Industrie von diesen Preisen. In den meisten Fabriken zählt nur die Produktivität der Maschinen, die Zuverlässigkeit und die Anschaffungskosten. Der Energieverbrauch ist eine Marginalie in der Bilanz.

Wer mit „bezahlbar“ den Erhalt dieses Zustands meint, verschweigt unwissentlich oder arglistig die wahren Kosten von Energie. Sie liegen weit höher. Eigentlich kein Wunder, wenn täglich weltweit 86 Millionen Fässer Öl verbrannt werden, wenn 400 zum Teil veraltete Kernkraftwerke dampfen, wenn Hunderte Kohlekraftwerke in Asien die Luft verpesten und fruchtbare Felder mit Raps für Biodiesel bepflanzt werden.

Kriege um Öl sind die Folge, verschmutzte Küsten, steigende Meeresspiegel, verstrahlte Landschaften, Feinstaub, Atommüll, Nahrungsknappheit und, ja, auch ästhetische Einbußen wie Windräder vor dem Wohnzimmerfenster.

Wer seriös über Energie reden will, muss anerkennen, dass die wahren Kosten des globalen Energiehungers nie auf Stromrechnungen erscheinen, sondern von der Gemeinschaft getragen werden. Das ist nicht nur der Fall, wenn eine Ölplattform wie im Golf von Mexiko abbrennt oder ein Kernkraftwerk wie in Japan explodiert.

Energieverbrauch erzeugt ständig Kosten, die auf unterschiedlichste Weise beglichen werden müssen, oft auch mit Menschenleben. Hunderttausende Chinesen sterben jährlich an der Luftverschmutzung. Vor allem aber, und das ist die abscheulichste Art, die Kollateral-Kosten des heutigen Energiehungers zu verschleiern, werden Erblasten aufgehäuft: verbrauchte Ressourcen, verstrahlte Endlager, eine mehrere Grad wärmere Erdatmosphäre.

Das Atomunglück in Japan hat die versteckten Kosten der Kernkraft deutlich gezeigt: Landstriche, die auf Jahrzehnte hinaus nicht mehr bewohnbar sein werden; der Vertrauensverlust einer ganzen Bevölkerung. Die Nachteile der Kernkraft beschränken sich aber nicht auf mögliche Reaktorunfälle.

Die Endlagerung ausgebrannter Brennstäbe ist ungelöst. Unterschätzt wird auch das globale politische Risiko: Will man in einer Welt leben, in der Dutzende Staaten über Kraftwerke verfügen, die jederzeit Waffenplutonium erzeugen können?

Auch die wahren Kosten fossiler Brennstoffe liegen weit höher, als es Börsenkurse und Tankstellen suggerieren. Ehrlich gerechnet, müsste ein beträchtlicher Teil der Militärausgaben im Nahen Osten dem Ölpreis zugeschlagen werden. Und welchen Preis soll man veranschlagen für die Anpassung an den Klimawandel? Oder für den verölten Meeresboden im Golf von Mexiko?

Zweifellos hat auch die regenerative Energie ihre Nebenkosten: Windräder sind hässlich, Silizium für Solarzellen ist teuer, Gebirge müssen mit Pumpspeichern versehen werden. Und Windparks auf dem Meer werden die dort lebenden Tiere nicht erfreuen. Wer aber gegen Windräder protestiert, muss klar sagen, ob und wo ihm ein atomares Endlager lieber wäre. Sicher ist: Der schmuddelige Part der Energieerzeugung kann nicht dauerhaft irgendwo in der Ferne ablaufen, und man selbst zahlt 25 Cent für die Kilowattstunde.

Die billige, nachhaltige, umweltneutrale, Landschaften erhaltende und autarke Energiequelle gibt es nicht. Deutschland muss sich für den kleinsten Teufel dieser Hölle entscheiden. Die Politik tut das aber nicht; auch die Grünen tun das nicht, solange sie gleichzeitig gegen Kernkraftwerke und Pumpspeicher eintreten. Energiepolitik darf aber nicht zu einem mikroökonomischen Gezänk verkommen, bei dem Lobbygruppen um die Verbraucherpreise von Solar- versus Atomstrom ringen.

Wägt man die Optionen für Deutschland seriös ab, bleibt nur ein radikaler Umstieg auf ein dezentrales System regenerativer Energie und intelligenter Stromnetze, den sogenannten Smart Grids. Der Umstieg wird nicht ohne Investitionen und höhere Energiepreise ablaufen. Andererseits müssen Verbraucher mit vielen Kosten haushalten. Wieso nicht auch mit der Energie? Die Unabhängigkeit von Stromkonzernen sollte vielleicht ein paar Euro mehr im Monat wert sein.

Technisch wäre der Umbau jedenfalls kein Problem, wie in dieser Woche namhafte Wissenschaftler erneut erklärt haben. Verstanden haben das interessanterweise jene deutschen Großkonzerne, die global agieren.

Der Finanzriese Munich Re unterstützt das utopisch wirkende Solarthermie-Projekt Desertec in der Sahara. Und Siemens hat soeben seine klassischen Geschäftsfelder um eine vierte Sparte erweitert: umweltfreundliche Stadtentwicklung.

Ähnlichen Weitblick zeigt ausgerechnet jenes Land, das oft als Dreckschleuder gescholten wird: China. Es investiert mehr Geld in regenerative Energie als jedes andere Land der Erde. Deutschland folgt erst dicht dahinter, obwohl es technologisch führend ist. Wird schon wieder eine in Deutschland entwickelte Technologie anderswo verwertet, so wie der Computer, die Unterhaltungselektronik und das berühmte Telefax?

Ein planloses Festklammern an einem Mix aus knapper werdendem Erdöl, schmutziger Kohle, politisch fragwürdigem Erdgas und alternden Kernkraftwerken führt Deutschland nicht in die Zukunft. Kernenergie ist keine Brückentechnologie, wie es Befürworter gern sagen. Sie ist eine Schlaft-weiter-Technologie. Dieser Schlaf ist nun jäh unterbrochen worden.

D L	Name:	Datum:

Der Atomausstieg und die Folgen

❶ Der Ausstieg aus der Atomenergie wurde politisch beschlossen. Wann wird das letzte Atomkraftwerk in Deutschland abgeschaltet? (LKS 1)

____

____

❷ Was gab den Ausschlag für den endgültigen Ausstieg aus der Kernenergie? (LKS 2)

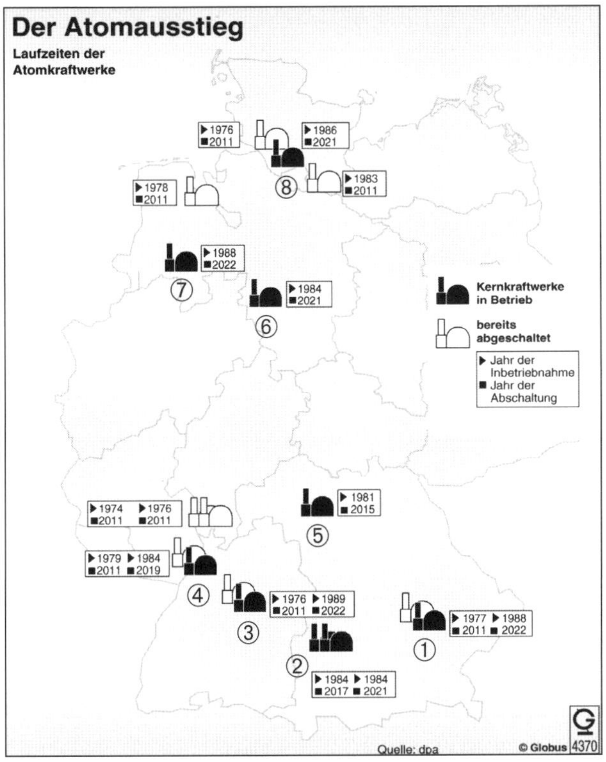

____

____

❸ Welche Kernkraftwerke sind noch in Betrieb? Ordnen Sie die Kernkraftwerke den passenden Ziffern im Schaubild zu. Welche Kernkraftwerke stehen bereits still? (LKS 3)

① ______________________________________

② ______________________________________

③ ______________________________________

④ ______________________________________

⑤ ______________________________________

⑥ ______________________________________

⑦ ______________________________________

⑧ ______________________________________

____

____

____

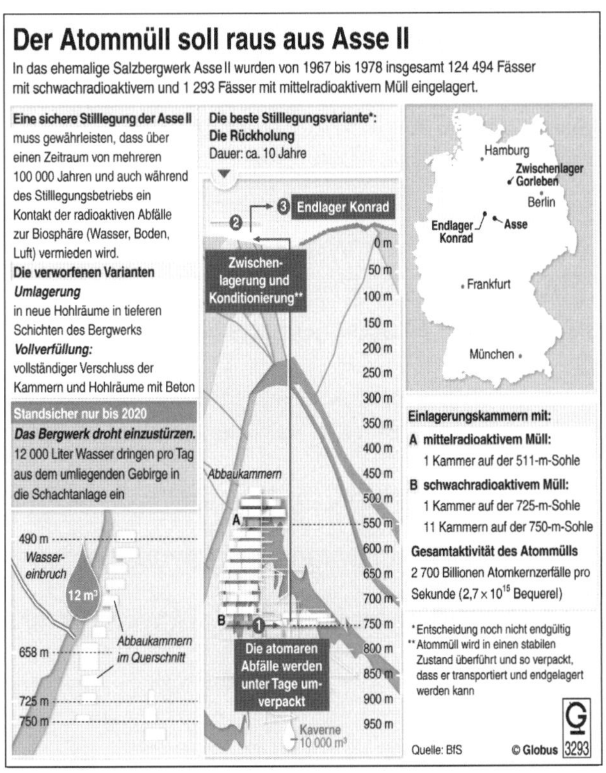

❹ Was ist ein „Endlager“? Wo ist es geplant? Bis wann kann dieses Endlager realisiert werden? Welche Probleme ergeben sich dabei? (LKS 4)

____

____

____

____

____

Der Atomausstieg und die Folgen

❶ Der Ausstieg aus der Atomenergie wurde politisch beschlossen. Wann wird das letzte Atomkraftwerk in Deutschland abgeschaltet? (LKS 1)

20. Mai 2011: Die letzten drei Atomkraftwerke werden 2022 abgeschaltet.

❷ Was gab den Ausschlag für den endgültigen Ausstieg aus der Kernenergie? (LKS 2)

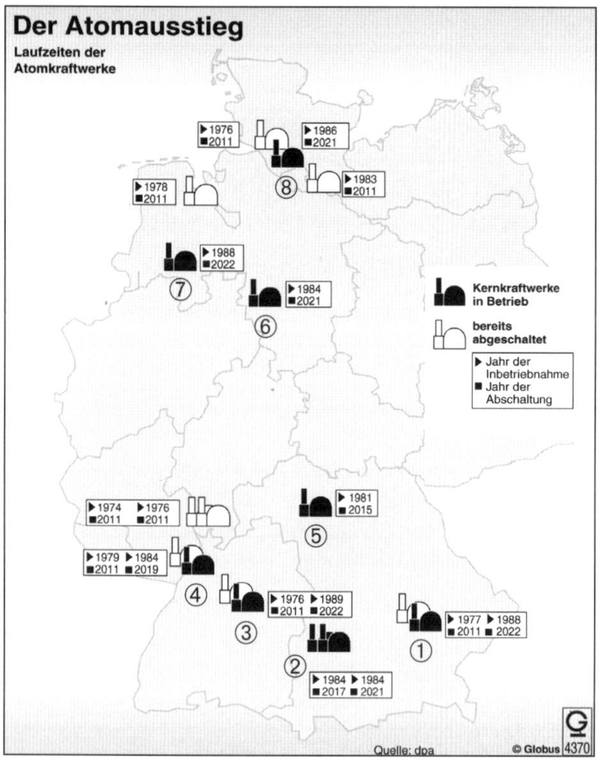

Super-GAU der Kernkraftwerke von Fukushima (Japan) im April 2011 nach einem Tsunami

❸ Welche Kernkraftwerke sind noch in Betrieb? Ordnen Sie die Kernkraftwerke den passenden Ziffern im Schaubild zu. Welche Kernkraftwerke stehen bereits still? (LKS 3)

① *Isar 2 (2022)*

② *Gundremmingen B (2017) und C (2021)*

③ *Neckarwestheim 2 (2022)*

④ *Philippsburg 2 (2019)*

⑤ *Grafenrheinfeld (2015)*

⑥ *Grohnde (2021)*

⑦ *Emsland (2022)*

⑧ *Brokdorf (2021)*

Isar 1, Neckarwestheim 1, Philippsburg 1, Biblis A und B, Unterweser, Krümmel, Brunsbüttel

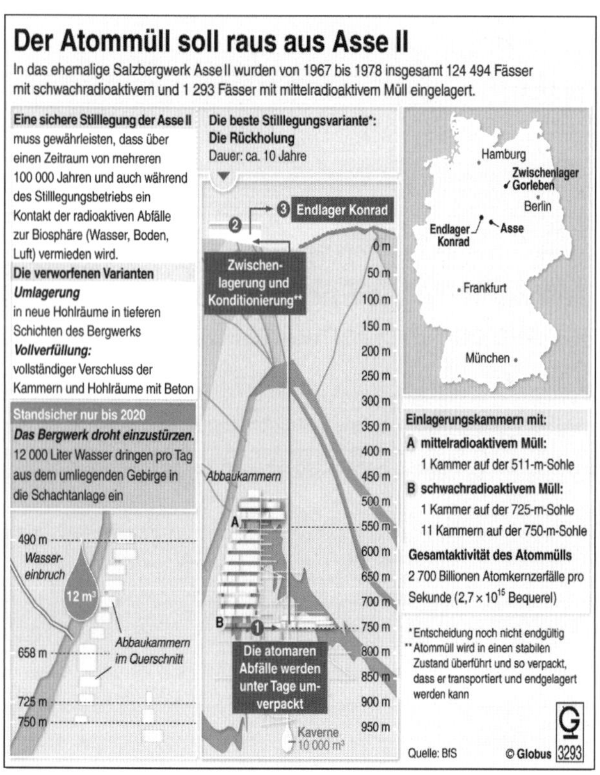

❹ Was ist ein „Endlager“? Wo ist es geplant? Bis wann kann dieses Endlager realisiert werden? Welche Probleme ergeben sich dabei? (LKS 4)

Lagerung ausgebrannter, hochradioaktiver Brennstäbe in tief gelegenen Salzstöcken; Gorleben, frühestens 2025, bisher Zwischenlager; Versuchsendlager Asse 2 mit 126 000 Fässern hochradioaktiven Materials ist gescheitert, Fässer müssen geborgen werden; radioaktive Verseuchung des Grundwassers

D_L	Name: ______________________	Datum: ______________

❺ Alle acht Fremdwörter sind aus dem Text entnommen. Tragen Sie diese bei der richtigen Bedeutung ein. Die richtige Reihenfolge der Buchstaben in den markierten Feldern ergibt ein Lösungswort, das ein hochgiftiges radioaktives Element bezeichnet. LKS 3

1. seitlich, benachbart, nebeneinander
2. ordentlich, ernst, vertrauenswürdig
3. vom Mittelpunkt entfernt
4. sinnverwandt, gleichbedeutend
5. Einvernehmen; Zustimmung
6. wirtschaftlich unabhängig
7. günstig, angebracht, vorteilhaft
8. einreden, beeinflussen, einwirken

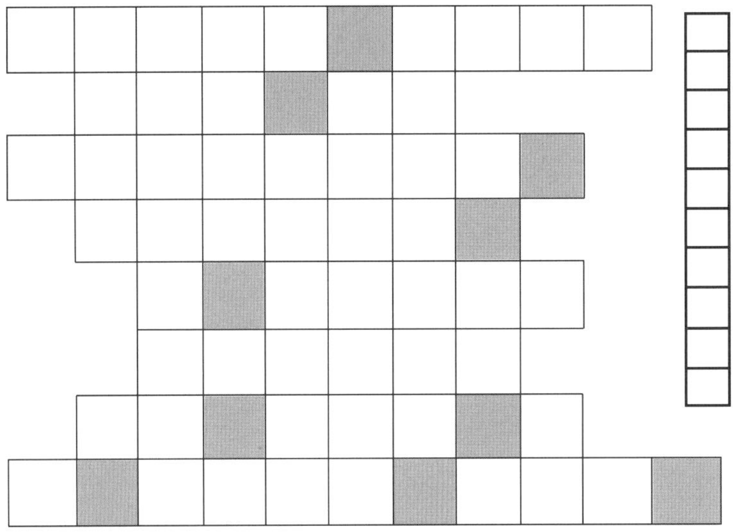

❻ Der zunehmende Energieverbrauch, der vorwiegend durch den Abbau fossiler Ressourcen gedeckt wird, bereitet massive ökologische Probleme. Welche? LKS 4

____

____

____

____

____

❼ Kernkraftwerke bringen nicht nur Probleme in Bezug auf Reaktorkatastrophen. Was verstehen Sie unter „Waffenplutonium"? LKS 4

____

____

❽ Kennen Sie alternative Energieformen? Welche Energieform wird Ihrer Meinung nach am ehesten dem gewaltigen Energiebedarf gerecht? LKS 5

____

____

❾ Verzicht auf Strom aus Kernkraftwerken bedeutet, den fehlenden Strom ersetzen zu müssen. Was wird in dieser Richtung versucht? Was halten Sie davon? LKS 5

____

____

____

❿ Was will die Karikatur links aussagen? Schreiben Sie auf die Rückseite des Arbeitsblattes. LKS 5

D_L Lösung

❺ Alle acht Fremdwörter sind aus dem Text entnommen. Tragen Sie diese bei der richtigen Bedeutung ein. Die richtige Reihenfolge der Buchstaben in den markierten Feldern ergibt ein Lösungswort, das ein hochgiftiges radioaktives Element bezeichnet.

1. seitlich, benachbart, nebeneinander	K	O	L	L	A	**T**	E	R	A	L	
2. ordentlich, ernst, vertrauenswürdig		S	E	R	**I**	Ö	S				
3. vom Mittelpunkt entfernt	D	E	Z	E	N	T	R	A	**L**		
4. sinnverwandt, gleichbedeutend		S	Y	N	O	N	Y	**M**			
5. Einvernehmen; Zustimmung			K	**O**	N	S	E	N	S		
6. wirtschaftlich unabhängig			A	U	T	A	R	K			
7. günstig, angebracht, vorteilhaft		O	P	**P**	O	R	T	**U**	N		
8. einreden, beeinflussen, einwirken	S	**U**	G	G	E	R	**I**	E	R	E	**N**

P L U T I O N I U M

❻ Der zunehmende Energieverbrauch, der vorwiegend durch den Abbau fossiler Ressourcen gedeckt wird, bereitet massive ökologische Probleme. Welche?

Umweltverschmutzung (Luft, Wasser, Boden), steigende Meeresspiegel, eine um mehrere Grad wärmere Erdatmosphäre, Klimakatastrophe, verstrahlte Landschaften, Feinstaub, Atommüll, verstrahlte Endlager, Kriege um Öl, gewaltige Preisanstiege für immer knapper werdende fossile Energien

❼ Kernkraftwerke bringen nicht nur Probleme in Bezug auf Reaktorkatastrophen. Was verstehen Sie unter „Waffenplutonium"?

Aus Brennstäben aus Kernkraftwerken kann relativ problemlos waffenfähiges Plutonium hergestellt werden, das man zum Bau von Atombomben braucht.

❽ Kennen Sie alternative Energieformen? Welche Energieform wird Ihrer Meinung nach am ehesten dem gewaltigen Energiebedarf gerecht?

Windenergie, Wasserkraft, Sonnenenergie, Biomasse und Fusionsenergie (enorme Energie aus der Verschmelzung von zwei Wasserstoffisotopen zu Helium); erst ab 2060 möglich

❾ Verzicht auf Strom aus Kernkraftwerken bedeutet, den fehlenden Strom ersetzen zu müssen. Was wird in dieser Richtung versucht? Was halten Sie davon?

Bau von zehn neuen Kraftwerken und von Gaskraftwerken; Dezentralisierung der Energie; deutliche Verteuerung des Stroms; Energielücke durch Stromersparnis etwas verringern

❿ Was will die Karikatur links aussagen? Schreiben Sie auf die Rückseite des Arbeitsblattes.

Menschenwürde als Prinzip
Vom „Verfall" der Werte in den Massenmedien

Wenn vom „Verfall" der Werte gesprochen oder der Untergang der Kultur wieder einmal beschworen wird, dann weist die Anklage häufig auf die Massenmedien. Unter diesem Begriff werden Fernsehen, Rundfunk und Presse zusammengefasst, gemeint ist aber an erster Stelle das beeindruckendste Kommunikationsmittel, das mit laufendem Bild und Ton, versehen mit begleitenden Texten, den Eindruck vermittelt, als blicke man durch die Mattscheibe hindurch in die Wirklichkeit.

Weil davon ausgegangen wird, dass die Wirkung der Bilder einen großen Einfluss auf die Gesellschaft hat, wächst der Ruf nach einer Medienethik. Diese Forderung ist besonders laut geworden, nachdem sich Mitte der 1980er-Jahre die Fernsehlandschaft in Deutschland erheblich geändert hat.

Ein TV-Sender brachte einen Beitrag über einen Tag im Leben des sechzehnjährigen Sead in Sarajevo. Seinen zufällig letzten Tag. Das Kamerateam zeigt Sead beim Frühstück, er verabschiedet sich von seiner Mutter und trifft sich mit Freunden. In einem Unterstand von Soldaten übernimmt er als Kurier die Post. Plötzlich knallen Schüsse: Die Kamera filmt, wie einer der Jungen zusammenbricht.

Sead und einige andere wollen ihm helfen und ihn in ein Auto heben. Plötzlich ein weiterer Schuss – Sead ist getroffen, er fällt um, will sich fortschleppen, liegt dann still. Die Kamera lässt nicht von ihm ab, und so kann der Zuschauer sekundenlang miterleben, wie Sead stirbt.

Ich bin der Meinung, solche Bilder darf man nicht zeigen. Aber womit begründete der verantwortliche Redakteur seine Entscheidung? Der Bericht sei auf dem Markt gewesen. Andere hätten ihn haben wollen, da habe man ihn gekauft.

Er hat nichts anderes getan, als umzusetzen, was ein Grundprinzip unserer Wirtschaftsgesellschaft ist – er hat eine Marktchance wahrgenommen.

Das Bewusstsein, dass sowohl der Zuschauer wie auch der Abgebildete im Besitz der Menschenwürde sind, hat sich unter Journalisten der Massenmedien noch nicht weit herumgesprochen. Auch aus Berichten, die von Korrespondenten hergestellt wurden, hat die Redaktion kurze, manchmal nur wenige Sekunden lange Einstellungen herausgenommen, weil sie den Nachrichtenwert nicht betrafen, aber die Menschenwürde verletzten.

Einmal handelte es sich um ein Massaker. Die Beerdigung der Opfer wurde gezeigt, beeindruckende Bilder hatte der Kameramann von den Trauernden, dem Friedhof, der Zeremonie und auch von den Särgen gedreht. Die Deckel waren noch nicht zugenagelt, sodass man die Toten sehen konnte. Dann Großaufnahme: die Köpfe in den Särgen. Leere, rote Augenhöhlen.

Das Team brachte die Bilder mit, der Reporter übernahm sie in seinen Bericht. Ich gehe davon aus, dass er dies nicht aus Sensationsgier tat, sondern um die Brutalität des Krieges zu dokumentieren.

Unserer Meinung nach verstößt die Ausstrahlung solcher Bilder gegen die Menschenwürde der Toten; sie verletzt aber gleichzeitig die Würde der Zuschauer, die sich dem Bild nicht entziehen können.

Denn zum Ausschalten ist es in dem Augenblick zu spät, in dem die Szenen über den Bildschirm flimmern. In den meisten Fällen ist es in Nachrichtensendungen nicht notwendig, brutale Bilder zu zeigen. Nur dann, wenn die Informationspflicht es verlangt, können entsprechende Berichte unter genauem Abwägen gesendet werden.

Die Forderung nach ethischem Verhalten der Massenmedien ist eigentlich eine Banalität, wenn wir davon ausgehen, dass jeder Bürger die ethischen Regeln zu befolgen hat und diese Verpflichtung aus Einsicht auf sich nimmt. Und da diejenigen, die in den Massenmedien arbeiten, Journalisten, Fotografen, Kameraleute, Toningenieure, Cutterinnen, Regisseure, Produktionsleiter etc., Mitglieder der Gesellschaft sind, gelten für sie die gleichen Werte als Grundlage für ihr berufliches Handeln wie für ihr privates.

Die Würde des Menschen muss auch in den Medien als Maßstab gelten. Sie ist unantastbar. „Sie zu achten und zu schützen, ist Verpflichtung aller staatlichen Gewalt", schreibt das Grundgesetz vor. Und davon gehen die Rundfunkgesetze aus. Dieses Bekenntnis greifen die Richtlinien des – allerdings wenig wirksamen – Deutschen Presserats auf. Und es bestimmt die Programmgrundsätze, an die sich die Fernsehsender zu halten hätten.

„Eine Verfassung, welche die Würde des Menschen in den Mittelpunkt ihres Wertesystems stellt, kann bei der Ordnung zwischenmenschlicher Beziehungen grundsätzlich niemandem Rechte an der Person eines anderen einräumen, die nicht zugleich pflichtgebunden sind und die Menschenwürde des anderen respektieren", urteilte das Bundesverfassungsgericht über die unmittelbare Drittwirkung von Artikel 1 des Grundgesetzes für jeden Einzelnen.

Weder der Tod noch unwürdiges Verhalten, weder eine Geisteskrankheit noch eine Verurteilung wegen schwerster Verbrechen, weder eine besondere Stellung in der Öffentlichkeit noch persönliche Eigenschaften können zur Würdelosigkeit eines Menschen führen. So widerspricht es der Würde, den Menschen zum bloßen Nachrichtenobjekt zu machen.

Selbstverpflichtung der Journalisten

Der Deutsche Presserat hat in Zusammenarbeit mit den Presseverbänden den sogenannten Pressekodex beschlossen.

In dieser freiwilligen Selbstverpflichtung heißt es in der Präambel:

[...] Journalisten müssen sich bei ihrer Arbeit der Verantwortung gegenüber der Öffentlichkeit und ihrer Verpflichtung für das Ansehen der Presse bewusst sein. Sie nehmen ihre publizistische Aufgabe fair, nach bestem Wissen und Gewissen, unbeeinflusst von persönlichen Interessen und sachfremden Beweggründen wahr. [...]

D L	Name:	Datum:

Menschenwürde als Prinzip

LKS1

❶ Bei der täglichen Berichterstattung werden durch die Medien häufig Grenzen überschritten. Zeigen Sie dies an zwei konkreten Beispielen aus dem Text auf.

LKS2

❷ Beschreiben Sie ein weiteres Beispiel aus Ihrem eigenen Erfahrungsbereich.

LKS3

❸ Im Text kommen folgende acht Begriffe vor. Suchen Sie die passenden Fremdwörter zu den Begriffen heraus und ordnen Sie diese entsprechend zu.

- Bote, Eilbote, Überbringer wichtiger Meldungen
- Gemetzel, Blutbad
- feierliche, an feste Regeln gebundene Handlung
- grob, roh, gewalttätig, erbarmungslos, derb
- Alltäglichkeit, leeres Gerede
- Grundsatz, Leitsatz, Grundregel, Denkrichtung
- Gesamtheit der Vorschriften, Regeln, Normen
- Einleitung, Vorwort, Prolog (eines Vertrages)

LKS3

❹ „Das Bewusstsein, dass sowohl der Zuschauer wie auch der Abgebildete im Besitz der Menschenwürde sind, hat sich unter Journalisten der Massenmedien noch nicht weit herumgesprochen.“ (Z. 44–48)
Geben Sie den Inhalt dieses Satzes mit eigenen Worten wieder.

LKS3

❺ Erklären Sie die Überschrift aus dem Textzusammenhang.

Menschenwürde als Prinzip

LKS1

❶ Bei der täglichen Berichterstattung werden durch die Medien häufig Grenzen überschritten. Zeigen Sie dies an zwei konkreten Beispielen aus dem Text auf.

• Der 16-jährige Sead aus Sarajevo wird erschossen und stirbt in Nahaufnahme vor laufender Kamera.

• Bei einer Beerdigung werden die offenen Särge mit den entstellten Opfern hautnah gefilmt.

LKS2

❷ Beschreiben Sie ein weiteres Beispiel aus Ihrem eigenen Erfahrungsbereich.

Es ist entwürdigend, wenn das Fernsehen sich in Soaps über bestimmte Randgruppen lustig macht.

LKS3

❸ Im Text kommen folgende acht Begriffe vor. Suchen Sie die passenden Fremdwörter zu den Begriffen heraus und ordnen Sie diese entsprechend zu.

- Bote, Eilbote, Überbringer wichtiger Meldungen — *Kurier*
- Gemetzel, Blutbad — *Massaker*
- feierliche, an feste Regeln gebundene Handlung — *Zeremonie*
- grob, roh, gewalttätig, erbarmungslos, derb — *brutal*
- Alltäglichkeit, leeres Gerede — *Banalität*
- Grundsatz, Leitsatz, Grundregel, Denkrichtung — *Prinzip*
- Gesamtheit der Vorschriften, Regeln, Normen — *Kodex*
- Einleitung, Vorwort, Prolog (eines Vertrages) — *Präambel*

LKS3

❹ „Das Bewusstsein, dass sowohl der Zuschauer wie auch der Abgebildete im Besitz der Menschenwürde sind, hat sich unter Journalisten der Massenmedien noch nicht weit herumgesprochen." (Z. 44–48)
Geben Sie den Inhalt dieses Satzes mit eigenen Worten wieder.

Berichterstatter beim Fernsehen, im Rundfunk oder in der Presse scheinen kein Gespür für die Menschenwürde zu haben. Sowohl denjenigen, die die Berichte sehen oder lesen als auch denen, die aktiv beteiligt sind, muss dieses Recht zugestanden werden.

LKS3

❺ Erklären Sie die Überschrift aus dem Textzusammenhang.

Prinzip heißt Grundsatz. Die Menschenwürde ist grundsätzlich vorrangig und steht über allem anderen. Die Presse kann sich nur solange auf ihre Freiheit berufen, solange sie nicht die Menschenwürde verletzt. Auch wirtschaftliche Aspekte sind nachrangig.

D L Name: ______________________ Datum: ______________

❻ Stellen Sie ganz kurz die Aussage der Karikatur den Forderungen des Presserates gegenüber.

LKS 4

„Ja, liebe Hörerinnen und Hörer, wir sind wieder live dabei, beim Banküberfall der Woche. Die Gangster haben bereits eine Geisel genommen. Wir wollen versuchen, sie zu einem kurzen Interview vors Mikrofon zu bekommen ...“

❼ Betrachten Sie die Karikaturen von Sempé. Interpretieren Sie diese ganz kurz.

LKS 4

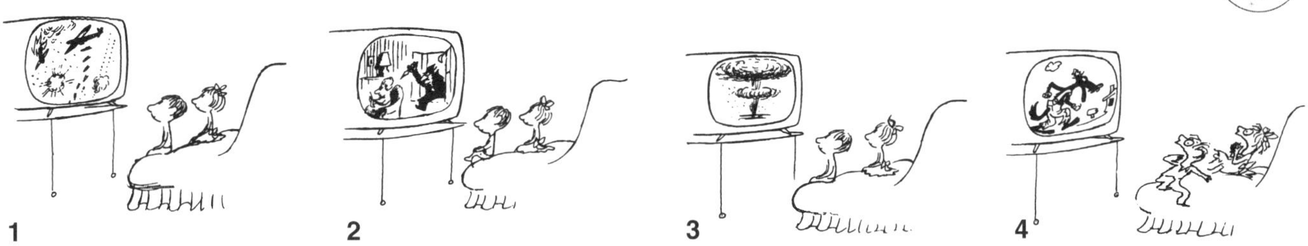

❽ Wir leben in einer Mediengesellschaft. Erörtern Sie Chancen und Gefahren und schreiben Sie diese stichpunktartig als Gliederung auf.

LKS 5

D_L Lösung

❻ Stellen Sie ganz kurz die Aussage der Karikatur den Forderungen des Presserates gegenüber.

Die Karikatur zeigt überdeutlich, dass Medien „am Puls der Zeit“ oft nur Sensationsgier befriedigen und „Quote“ machen wollen. Medien spielen nur zu gerne mit den Emotionen der Zuschauer und der Opfer. Angst, Schrecken und Gefühlsduselei gehören zum Geschäft. Hier läuft nichts mehr fair, ohne sachfremde Motive und ohne persönliche Interessen.

„Ja, liebe Hörerinnen und Hörer, wir sind wieder live dabei, beim Banküberfall der Woche. Die Gangster haben bereits eine Geisel genommen. Wir wollen versuchen, sie zu einem kurzen Interview vors Mikrofon zu bekommen ...“

❼ Betrachten Sie die Karikaturen von Sempé. Interpretieren Sie diese ganz kurz.

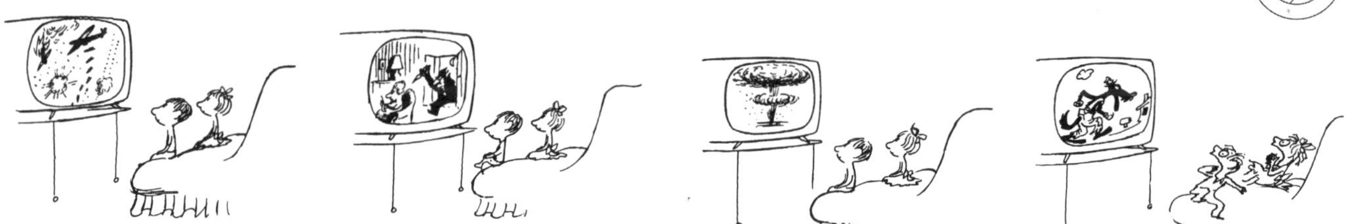

1 2 3 4

Die beiden Kinder in den ersten drei Zeichnungen sehen Gewalttaten, die außerhalb ihrer Vorstellungskraft liegen. Kommt der böse Wolf, wird der Schrecken verständlich. Bedenklich ist nur, dass Gewalt in den Medien schon für Kinder alltäglich wird, sich einprägt und zur Abstumpfung führt.

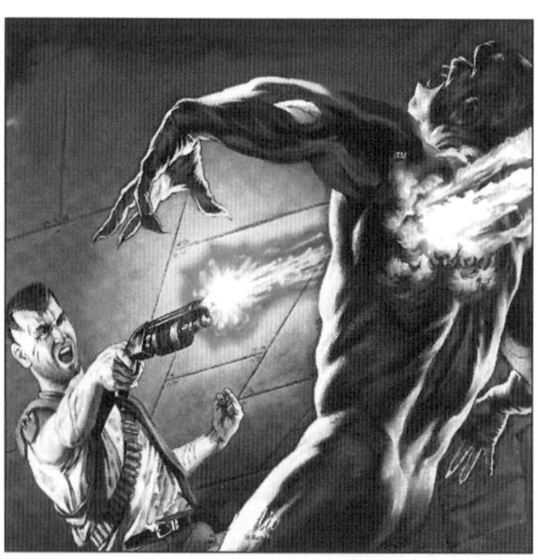

❽ Wir leben in einer Mediengesellschaft. Erörtern Sie Chancen und Gefahren und schreiben Sie diese stichpunktartig als Gliederung auf.

A) Definition Medien und Mediengesellschaft

B) I) Chancen: bessere und schnellere Information, weltweite Vernetzung, Berufe (Verdienen von Geld), Meinungsbildung, Bildung, sinnvolle Unterhaltung, Erziehung zum mündigen Menschen

B) II) Gefahren: Informationsüberfluss, Banalisierung, Manipulation (Beeinflussung und Suggestion durch Werbung), Geldausgaben, Überschuldung, Betrug, finanzielle Verluste, Internetkriminalität, Verdummung, Abhängigkeit, Sucht

C) Minimierung der Gefahren – eigene Situation

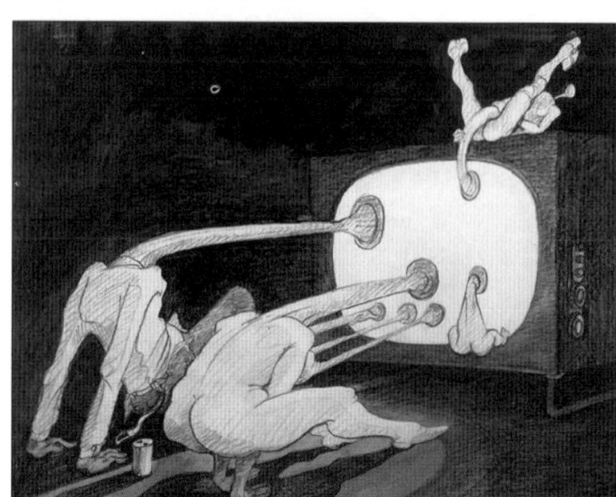

Frauenbewegung – der Kampf für Gleichberechtigung
Frauen rebellieren gegen die Männerwelt

„Wir sind die Frauen-Befreiungsfront!“, riefen in den 1970er-Jahren die rebellierenden Frauen von New York bis Berlin: Sie hatten es satt, von Männern bevormundet zu werden. Sie wollten ihr Leben selbst in die Hand nehmen. Sie kämpften für eine Welt, in der Frauen und Männer wirklich gleichberechtigt sind. Und in der es Spaß macht, eine Frau zu sein.

Der Herr im Haus

1949 setzte die sozialdemokratische Abgeordnete Elisabeth Selbert durch, dass die Gleichberechtigung in das Grundgesetz der Bundesrepublik Deutschland aufgenommen wurde. Artikel 3 lautet somit: „Männer und Frauen sind gleichberechtigt.“ In der Realität jedoch waren die Frauen in den 1950er- und 1960er-Jahren alles andere als gleichberechtigt. Ein uneheliches Kind war für die Frau gesellschaftlich eine Katastrophe, seine Mutter erhielt nicht einmal das Sorgerecht. Das Ehe- und Familienrecht bestimmte den Mann zum Alleinherrscher über Frau und Kinder. Eine Ehefrau musste ihrem Mann jederzeit sexuell zur Verfügung stehen. Wenn er sie und die Kinder misshandelte, galt das als Privatsache. Verheiratete Frauen durften nur dann arbeiten gehen, wenn der Mann es ihnen erlaubte. Noch in den 1970er-Jahren gab es die sogenannten „Leichtlohngruppen“. Und auch wenn eine Frau dieselbe Arbeit verrichtete, wie ein Mann, bekam sie dafür viel weniger Geld.

Büstenhalter brennen

Die sogenannte erste Welle der Frauenbewegung entstand ab Mitte des 19. Jahrhunderts in den USA und kämpfte damals unter anderem für das Frauenwahlrecht. In den 1960er-Jahren begann nun die zweite Welle – und zwar an vielen Orten gleichzeitig. In den USA schrieb Betty Friedan 1963 ihren Bestseller „Der Weiblichkeitswahn“, in dem sie mit der typischen Frauenrolle abrechnete. In Frankreich verfasste Simone de Beauvoir schon 1949 „Das andere Geschlecht“, das unzählige Frauen in aller Welt zu ihrer „Bibel“ machten. Die Philosophin und Schriftstellerin erklärte in diesem Buch: „Man wird nicht als Frau geboren, man wird dazu gemacht.“ Und meinte damit: Frauen sind nicht von Natur aus unterwürfig, unselbstständig und hilflos. Sie werden nur von klein auf dazu erzogen. Aber sie können auch anders. Das machte den jungen Frauen in den späten 1960er-Jahren Mut. Und bald erklärten sie öffentlich: „Wir entscheiden nun selbst, wie wir leben, lieben und aussehen wollen!“ In den USA verbrannten Aktivistinnen der Frauenbewegung öffentlich ihre BHs. In Amsterdam kniffen die „Dollen Minnas“ Männer in den Po. Und in Rom sangen Frauen auf einer Demonstration: „Tremate, tremate, le streghe son tornate!“ („Zittert, zittert, die Hexen sind zurückgekehrt!“).

Tomaten fliegen

Die Studentinnen, die im SDS, dem Sozialistischen Deutschen Studentenbund aktiv waren, stellten fest: Die marxistische Theorie, die sie so begeistert verschlangen, stammte fast ausschließlich von Männern – und Frauen kamen darin nicht vor. Sie ärgerten sich darüber, dass ihre Genossen zwar alle Völker dieser Erde befreien wollten, nur nicht ihre eigenen Gefährtinnen. Denn auch die 1968er-Revolutionäre wünschten sich Frauen, die ihnen die Wäsche wuschen, die Flugblätter tippten und dabei möglichst attraktiv aussahen. Im September 1968 tagte in Frankfurt der Bundeskongress des SDS. Und wieder einmal wollten die Genossen nicht hören, was die Frauen zu sagen hatten. Da holte die Berliner Delegierte Sigrid Rüger drei Tomaten aus ihrer Tasche und warf sie in Richtung Podium. Zwei davon trafen – und klatschten einem der „Obergenossen“ ins Gesicht.

„Mein Bauch gehört mir“

Anfang der 1970er-Jahre entstanden von Kiel bis Konstanz Frauengruppen und Frauenzentren. Sie alle nahmen gemeinsam den Kampf gegen den Paragrafen 218 StGB, den Abtreibungsparagrafen, auf. Der Schwangerschaftsabbruch war verboten, er musste heimlich durchgeführt werden, war teuer, erniedrigend und manchmal lebensgefährlich.

Männer entschieden darüber, ob eine Frau ein Kind bekommen sollte oder nicht. Die Frauenbewegung aber sagte: Weder Richter, noch Ärzte, geschweige denn Theologen haben das Recht, über den Körper und das Leben einer Frau zu bestimmen.

Und sie forderten: Der Paragraf 218 StGB muss ersatzlos gestrichen werden.
1974 trat eine endgültige Neuregelung des Paragrafen 218 StGB nach dem Indikationsmodell in Kraft, das einen Schwangerschaftsabbruch unter bestimmten medizinischen, sozialen oder ethischen Gründen erlaubte. Seit 1995 ist die Fristenlösung gültig, die einen Abbruch in den ersten drei Schwangerschaftsmonaten zulässt, wenn vorher eine Beratung stattgefunden hat.

Selbst ist die Frau

Von der Auseinandersetzung mit Abtreibung und Schwangerschaft war es nicht weit zur Beschäftigung mit den Themen „Ehe", „Mutterschaft", „Sexualität". Die Frauen stellten fest, dass sie über ihren eigenen Körper kaum Bescheid wussten. Sie fragten sich: „Wie gehen wir mit uns selber um, und was tun wir uns an? Was ist Schönheit? Was sind unsere eigenen Bedürfnisse, und wann erfüllen wir nur die der Männer?"
Und die neue Frauenbewegung beschränkte sich nicht aufs Reden und Fordern. Sie schritt auch selbst zur Tat. Als die Feministinnen herausfanden, wie viele Frauen von ihren Männern misshandelt werden, schufen sie „Häuser für geschlagene Frauen", kurz „Frauenhäuser" genannt. Sie richteten „Notrufe" ein, in denen Vergewaltigungsopfer Beistand fanden. Und sie sorgten dafür, dass der sexuelle Missbrauch von Mädchen (und Jungen) nicht mehr stillschweigend hingenommen wurde. Sie gründeten Verlage, Buchhandlungen, Zeitungen, Archive und Gesundheitszentren. Sie veranstalteten Ausstellungen, Konzerte, Filmfestivals. Viele dieser Projekte und Initiativen gibt es auch heute noch.

Die Erfolge

Die neue Frauenbewegung hat viel erreicht. Frauen haben mehr Selbstbewusstsein und bessere berufliche Chancen als vor dreißig Jahren. Sie sind rechtlich endlich in allen Bereichen den Männern gleichgestellt. Ein uneheliches Kind ist keine Schande mehr. Scheidungen stürzen Frauen nicht mehr in Existenznot. Ehemänner, die ihre Frauen und Kinder schlagen, müssen (wenn die Frau das will) die Wohnung verlassen. Vergewaltigung in der Ehe ist nicht mehr rechtens.
In Kinderbüchern (und im wahren Leben) sind Mädchen häufig mutig klug und ganz schön frech.
Es gibt Pfarrerinnen und Museumsdirektorinnen, Pilotinnen und Chefärztinnen, Schreinerinnen und Webdesignerinnen.

Wichtige rechtliche Stationen zur Emanzipation in Deutschland

Dorothea Erxleben wird 1754 aufgrund einer königlich angeordneten Ausnahme als erste Frau in Medizin promoviert. Frauen werden als Gasthörerinnen an Universitäten in Preußen ab 1896 zugelassen. 1900 erlaubt das erste deutsche Land – das Großherzogtum Baden – das Frauenstudium uneingeschränkt. Das Frauenwahlrecht wird ab 1919 gewährt. 1949 wird die Gleichberechtigung von Frauen und Männern in das Grundgesetz aufgenommen. 1954 wird das Beschäftigungsverbot verheirateter Frauen im öffentlichen Dienst aufgehoben. 1958 tritt das Gleichberechtigungsgesetz in Kraft. Im selben Jahr wird das Lehrerinnenzölibat aufgehoben und nach einem Bundesverfassungsgerichtsurteil das Ehegattensplitting anstelle der steuerlichen Gesamtveranlagung eingeführt. 1959 entscheidet das Bundesverfassungsgericht, dass der Gehorsamsparagraf im Eherecht nichtig ist. Die Koedukation wird schrittweise ab den späten 1950er-Jahren eingeführt (seit 1945 in der Deutschen Demokratischen Republik). Österreich übernimmt diesen Grundsatz ab 1975. Die letzte „eingeschlechtliche" Schule existiert bis 1985 in Bayern. 1976 kommt die Gleichberechtigung bei finanziellen Dispositionen jenseits der Schlüsselgewalt. Ebenfalls 1976 wird es möglich, den Namen der Frau als Familienname zu wählen. 1991 verwirft das Bundesverfassungsgericht den Grundsatz, dass der Nachname des Mannes Ehename wird, wenn das Paar sich nicht auf einen Nachnamen einigt. Ab 1997 ist die Vergewaltigung auch in der Ehe strafbar, wird allerdings nur auf Antrag verfolgt. 2004 wird daraus ein Offizialdelikt, das von Amts wegen verfolgt wird.

D L	Name: ______________________	Datum: ______________

Frauenbewegung – der Kampf für Gleichberechtigung

❶ In der Geschichte der Frauenbewegung gibt es drei „Wellen“. Welche? (LKS 1)

____

____

____

____

❷ Noch in den 1950er- und 1960er-Jahren waren Frauen alles andere als gleichberechtigt. Begründen Sie diese Aussage mit einigen Beispielen. (LKS 2)

____

____

____

❸ Wer war Simone des Beauvoir? Sie finden im Text einige Informationen. (LKS 2)

____

____

____

❹ Frauen liefen bis 1974 Sturm gegen den Paragrafen 218 StGB. Warum? (LKS 2)

____

____

____

____

❺ Wem sprachen die Frauen das Recht ab, über ihren Körper und ihr Leben zu bestimmen? (LKS 3)

____

____

❻ Welche Neuregelung des § 218 trat 1974 in Kraft? (LKS 3)

____

____

____

____

Frauenbewegung – der Kampf für Gleichberechtigung

❶ In der Geschichte der Frauenbewegung gibt es drei „Wellen“. Welche? (LKS 1)

1. Mitte des 19. Jahrhunderts in den USA und gegen Ende des 19. Jahrhunderts in Europa

2. USA/Deutschland 1960er-Jahre

3. USA/Deutschland ab 1970er-Jahre

❷ Noch in den 1950er- und 1960er-Jahren waren Frauen alles andere als gleichberechtigt. Begründen Sie diese Aussage mit einigen Beispielen. (LKS 2)

Ein uneheliches Kind war gesellschaftlich eine Katastrophe, die Mutter erhielt kein Sorgerecht. Der Mann war Alleinherrscher über Frau und Kinder. Die Frau war dem Mann sexuell unterworfen. Misshandlung von Kindern war Privatsache. Nur mit Erlaubnis des Mannes durften Frauen arbeiten.

❸ Wer war Simone des Beauvoir? Sie finden im Text einige Informationen. (LKS 2)

Simone de Beauvoir (1908–1986) war Philosophin, Schriftstellerin und Feministin. Ihr 1949 erschienenes Buch „Das andere Geschlecht“ wurde ein Welterfolg.

❹ Frauen liefen bis 1974 Sturm gegen den Paragrafen 218 StGB. Warum? (LKS 2)

Der sogenannte Abtreibungsparagraf 218 StGB erlaubte keinen Schwangerschaftsabbruch. Er musste heimlich und meist im Ausland durchgeführt werden, kostete viel Geld (ca. 2000 bis 4000 DM), war erniedrigend und oft auch lebensgefährlich.

❺ Wem sprachen die Frauen das Recht ab, über ihren Körper und ihr Leben zu bestimmen? (LKS 3)

Allen Männern, vor allem aber Richtern, Ärzten und Theologen

❻ Welche Neuregelung des § 218 trat 1974 in Kraft? (LKS 3)

Ein Schwangerschaftsabbruch ist unter bestimmten medizinischen, ethischen und sozialen Aspekten in den ersten drei Monaten erlaubt.

D L	Name:	Datum:

❼ Im Wörterpuzzle sind neun Fremdwörter bzw. Namen versteckt, die in beiden Texten vorkommen. Finde die Wörter heraus. Sie können waagrecht und senkrecht, mit oder gegen Lesefluss versteckt sein.

LKS 3

F	F	Q	B	E	A	U	V	O	I	R	E	N	S	E	E	L	S
T	R	H	N	O	I	T	A	K	U	D	E	O	K	S	S	I	T
H	I	G	E	M	A	N	Z	I	P	A	T	I	O	N	H	T	G
D	E	L	I	G	I	E	R	T	E	O	L	O	X	H	T	F	A
I	D	U	O	F	F	I	Z	I	A	L	D	E	L	I	K	T	V
T	A	B	I	L	Ö	Z	N	E	N	N	I	R	E	R	H	E	L
I	N	R	B	R	I	D	I	S	P	O	S	I	T	I	O	N	U
R	A	X	T	S	R	E	N	E	R	E	Z	R	A	W	H	C	S

❽ Die wichtigste Person in der Geschichte der neuen deutschen Frauenbewegung ist Alice Schwarzer. Was können Sie dem Bild links vom Januar 2007 entnehmen?

LKS 4

____

____

❾ Ein Kristallisationspunkt der Frauenbewegung war der Kampf gegen den Paragrafen 218 StBG. Alice Schwarzer initiierte 1971 die Selbstbezichtigungskampagne, bei der 374 Frauen im Stern erklärten: „Wir haben abgetrieben!“ Wie ist die Rechtslage in Bezug auf den Paragrafen 218 StBG heute?

LKS 5

____

____

____

____

____

____

____

____

❿ Gibt es heute noch eine Frauenbewegung?

LKS 5

____

____

____

____

D_L Lösung

❼ Im Wörterpuzzle sind neun Fremdwörter bzw. Namen versteckt, die in beiden Texten vorkommen. Finde die Wörter heraus. Sie können waagrecht und senkrecht, mit oder gegen Lesefluss versteckt sein.

LKS 3

F	F	Q	B	E	A	U	V	O	I	R	E	N	S	E	E	L	S
T	R	H	N	O	I	T	A	K	U	D	E	O	K	S	S	I	T
H	I	G	E	M	A	N	Z	I	P	A	T	I	O	N	H	T	G
D	E	L	I	G	I	E	R	T	E	O	L	O	X	H	T	F	A
I	D	U	O	F	F	I	Z	I	A	L	D	E	L	I	K	T	V
T	A	B	I	L	Ö	Z	N	E	N	N	I	R	E	R	H	E	L
I	N	R	B	R	I	D	I	S	P	O	S	I	T	I	O	N	U
R	A	X	T	S	R	E	N	E	R	E	Z	R	A	W	H	C	S

❽ Die wichtigste Person in der Geschichte der neuen deutschen Frauenbewegung ist Alice Schwarzer. Was können Sie dem Bild links vom Januar 2007 entnehmen?

LKS 4

Die mittlerweile völlig kommerzielle Frauenzeitschrift EMMA wurde am 26. Januar 1977 von Alice Schwarzer gegründet.

❾ Ein Kristallisationspunkt der Frauenbewegung war der Kampf gegen den Paragrafen 218 StBG. Alice Schwarzer initiierte 1971 die Selbstbezichtigungskampagne, bei der 374 Frauen im Stern erklärten: „Wir haben abgetrieben!" Wie ist die Rechtslage in Bezug auf den Paragrafen 218 StBG heute?

LKS 5

Ein Recht auf Abtreibung gibt es für die deutschen Frauen auch heute noch nicht. Schwangerschaftsabbrüche sind nach wie als rechtswidrig, unter bestimmten Bedingungen (medizinische, kriminologische, eugenische und eine Notlage betreffend) straffrei.

Ablauf: Beratung → Beratungsschein → Abbruch innerhalb der ersten zwölf Schwangerschaftswochen → zwischen Beratung und Eingriff müssen drei Tage liegen

❿ Gibt es heute noch eine Frauenbewegung?

LKS 5

Eine Frauenbewegung im ursprünglichen Sinn gibt es heute nicht, aber eine vielfältige Szene von Frauennetzwerken und Projekten wie die „WeiberWirtschaft" mit etwa 1650 Genossenschafterinnen und das Frauenzentrum „Schokofabrik", beide in Berlin.

Wir sind das Volk – leider

Die Republik geht stürmischen Zeiten entgegen

Die Vorstellung ist zu Ende, der Vorhang gefallen. Wir sitzen wieder zu Hause und denken: Es war ein miserables Stück. Ginge es nicht um uns – wir hätten wenigstens lachen können bei dieser Klamotte, die man uns als „Schicksalswahl" verkaufen wollte. Aber wir sind die Betroffenen, und das macht alles noch schlimmer. Wir gehören zum Ensemble. Wir werden gebraucht. Als Chor. Wir sind das Volk – leider. Denn dies ist kein Spiel, es ist Ernst, tiefer deutscher Ernst. Das Stück heißt: „Wir wählen uns eine Regierung". Man hat uns die Narrenkappe des Souveräns aufgesetzt, aber wir haben uns als unwürdig erwiesen. Wir haben die Spielregeln nicht beachtet und alles verpatzt. Wir haben nämlich falsch gewählt, nicht so, wie unsere Repräsentanten es von uns erwartet haben. Nicht so, wie es die Meinungsforscher voraussagten. Sondern einfach nach unserer Überzeugung. Und nun soll die Staatsordnung in Gefahr sein, weil wir weder dem einen noch der anderen eine Mehrheit verschafft haben, damit er/sie ordentlich regieren kann? Ein Abgrund an Demokratieverdrossenheit tut sich auf – bei den Gewählten und Nichtgewählten.

Wir haben ihnen also ein Schnippchen geschlagen, den Auguren, Polit-Strategen und Inhabern der Macht. Wir waren so frei und haben nach unseren Interessen gewählt, nach sehr gegensätzlichen Interessen natürlich, wie könnte es anders sein. „Den" Wähler, diesen statistischen Homunkulus, den sich die Politiker ausgedacht haben, gibt es nicht. Es gibt nur 60 Millionen wahlberechtigte Bürger mit 60 Millionen unterschiedlichen Biografien, Erfahrungen und Vorstellungen. Und diese 60 Millionen Einzelmenschen haben es sich nicht leicht gemacht.

Sie haben dieser Propaganda-Flutwelle, die das Land überschwemmte, widerstanden, haben ihr Gewissen befragt, haben Skrupel und Bauchschmerzen gehabt und haben mit sich gerungen bis zuletzt in der Wahlkabine, um dieses kleine Kreuzchen zu machen, dieses winzige Gewicht ihrer Stimme, dieses millionste Teilchen der Volksmacht, dieses einzige Attribut des Souveräns, das ihm nur alle vier Jahre in die Waagschale zu werfen gewährt wird. Sie haben ihr Recht wahrgenommen und ihre staatsbürgerliche Pflicht erfüllt und waren auch ein wenig stolz darauf. Und dann schallt es ihnen tausendfach entgegen, aus den Parteizentralen, den staatstragenden Gazetten und den Plauderkränzchen der TV-Entertainerinnen, dass sie schrecklich versagt haben, dass sie politische Analphabeten sind, die nicht kapieren, was Sache ist und das Land in die Krise treiben.

„Das Volk hat sich nicht entschieden", schreibt die „Frankfurter Allgemeine Zeitung" allen Ernstes, und in diesem selbstgerechten Satz liegt die ganze Arroganz der Macht und die Verachtung des „kleinen Mannes". Hier zeigt sich das zutiefst undemokratische, obrigkeitsstaatliche Denken weiter Teile des politischen Establishments.

„Das Volk hat sich nicht entschieden" heißt: Das Volk hat uns enttäuscht. Es hat uns nicht die gewünschte Mehrheit beschert, die wir zum zügigen Regieren brauchen. Es hat sich einen eigenständigen Willen angemaßt und alles durcheinander gebracht. Das Volk ist ein Störfaktor (natürlich sagt das niemand, und auch die „FAZ" schreibt es nicht).

In Wahrheit hat sich das Volk diesmal entschiedener entschieden als in den letzten zwanzig Jahren. Es hat eingeübte Denkgewohnheiten aufgegeben und angefangen zu differenzieren. Es hat sich all das angehört, was ihm aufgetischt wurde, war geduldig und aufmerksam. Und dann hat es all das mit der Wirklichkeit verglichen, der Wirklichkeit des Lebens.

Die Wirklichkeit des Lebens ist nicht berauschend in Deutschland, jedenfalls nicht für den VW-Arbeiter, der vor die Wahl gestellt wird, entweder auf Lohn zu verzichten oder seinen Arbeitsplatz zu verlieren. Sie ist nicht berauschend für die Millionen und ihre Familien, die keine Arbeit haben. Sie ist nicht berauschend für jene ungezählten Millionen, die zwar noch Arbeit haben, aber nicht wissen, wann sie auf die Straße gesetzt werden. Und sie ist auch nicht berauschend für junge Menschen, die eine Familie gründen wollen, sich aber von Zeitvertrag zu Zeitvertrag hangeln müssen –

ohne Sicherheit. „Jeder vierte Arbeitnehmer unter 25 Jahren arbeitet bereits ohne Kündigungsschutz“, sagt Norbert Blüm, einst das soziale Gewissen der CDU, heute ihr schärfster innerparteilicher Kritiker: „Die christlich-soziale Bewegung ist heimatlos geworden.“ Und: „Deregulierung, Privatisierung, Wettbewerb – das Programm, das ein Papagei aufsagen könnte, reicht halt nicht für eine Ordnung, die sich sozial nennt. Was im Frühkapitalismus schon falsch war, wird auch im Spätkapitalismus nicht richtig.“

Wir sind längst auf dem Wege zurück in die Klassengesellschaft, die wir eigentlich für überwunden hielten. Die Schere zwischen Arm und Reich öffnet sich von Jahr zu Jahr weiter. 13,5 Prozent der Bevölkerung leben inzwischen unterhalb der statistischen Armutsgrenze. Ludwig Erhards Erfolgs-Slogan „Wohlstand für alle“ klingt heute nur noch zynisch.

Die Globalisierung hat die Herrschaft der Ökonomie zu einer De-facto-Diktatur werden lassen, die die politischen und moralischen Kategorien des Lebens ihren Erfordernissen unterwirft. Die Politik, egal unter welcher Flagge, steht dieser Entwicklung ohnmächtig gegenüber, nur noch damit beschäftigt, die Kollateralschäden einzudämmen. Sie verhüllt ihre Ohnmacht mit untauglichen Rezepten, die im Wahlkampf zu Wunderdrogen aufgeblasen werden.

Glaubte Angela Merkel im Ernst, ein dem Publikum unbekannter Steuerrechtsexperte könne mit seiner Formel 25-Prozent-Steuern-für-alle eine Wählerstimme aus dem Reservoir der Enttäuschten und Bedrängten gewinnen? Nichts zeigt deutlicher als dieser personelle Missgriff, wie weit die Entfremdung zwischen Volk und Politik gewachsen ist.

Unter der Regierung Schröder hat diese Kluft eine bedrohliche Dimension erreicht. Das liegt nicht zuletzt an der schillernden Person dieses Kanzlers. Er betrat die Bühne mit der Attitüde des Jongleurs, der dem Publikum noch nie gezeigte Kunststücke vorführen würde. Seine PR-Maschine stilisierte ihn zum „Modernisierer“, er versprach „Aufbruch“, was immer das heißen mochte, jedenfalls raus aus dem Mief der Kohl-Jahre: Brioni-Style statt Strickjacke, Havanna statt Saumagen, Positano statt Wolfgangsee. Doch niemand, auch er selbst nicht, vermochte zu sagen, was eigentlich sein politisches Credo war.

Er durchlief die Metamorphosen seiner Kanzlerschaft mit dem Talent des geborenen Spielers. Er wandelte sich vom Entertainer zum Kriegskanzler, der im Kosovo-Konflikt zum ersten Mal seit dem Zweiten Weltkrieg deutsche Soldaten ins Feuer schickte („Ich rufe alle Mitbürgerinnen und Mitbürger auf, in dieser Stunde zu unseren Soldaten zu stehen!“). Und er mauserte sich vom Kriegs- zum Friedenskanzler, der den USA, ebenfalls erstmals, ein deutsches Nein entgegenschmetterte – ein Meilenstein, der bleiben wird von seiner Kanzlerschaft. Er gab den „Reformer“, den Vollstrecker von Hartz IV, der die Axt an die Sozialfürsorge, diese Säule des deutschen Wohlfahrtsstaates, legte, und er schlüpfte schließlich in das Gewand des Vorkämpfers der Arbeiterklasse, dessen Partei den „Heuschrecken“ des Kapitalismus den Kampf ansagte.

Sieben Jahre nach seinem Amtsantritt war der Verwandlungskünstler Schröder mit seiner Politik am Ende. Er hatte den sozialen Kahlschlag forciert, die Renten eingefroren, die Gesundheitskosten drastisch erhöht und die Steuern für die Besserverdienenden gesenkt. Doch die Arbeitslosigkeit stieg weiter an, die Staatsverschuldung erreichte mit 1457 Milliarden Euro einen Rekord. Die Wähler liefen der Regierung in Scharen davon. Jede Landtagswahl war ein neues Desaster. Der Kanzler konnte nicht erwarten, wiedergewählt zu werden.

Die ungeschriebenen Spielregeln der Demokratie sehen dafür eine einfache Lösung vor: den Rücktritt des Regierungschefs. Es wäre nicht das erste Mal gewesen, dass ein Bundeskanzler sein Amt niederlegt. Adenauer, Erhard, Brandt gingen aus freien Stücken, als die Umstände es erforderten. Nicht so Schröder: Statt seinen Schreibtisch zu räumen, beantragte er beim Staatsoberhaupt die Auflösung des Parlaments und die Ausschreibung von Neuwahlen mittels eines fingierten Misstrauensvotums, einer erklärten Lüge also.

Es war ein Coup im Stil einer Bananenrepublik. Das eigentlich Erschreckende bestand darin, dass außer ein paar Moralisten niemand Anstoß daran nahm, weder die Parteien, die sich auf die Neuwahlen wie auf eine Wunderdroge stürzten, noch das Gros der Medien. Ein einziger von 304 Abgeordneten der rot-grünen Koalition, der einstige DDR-Bürgerrechtler Werner Schulz, wagte es, die Wahrheit in der Plenarsitzung des Bundestages zu Protokoll zu geben: „Was hier abläuft, ist ein inszeniertes, ein absurdes Geschehen. Diese Art von Stimmungsdemokratie sieht unser Grundgesetz nicht vor. Sie beugen die Verfassung“, rief er dem Kanzler zu, „wenn Sie durch Selbstauflösung des Bundestages eine Volksabstimmung über Ihre Politik herbeiführen wollen.“

Der Bundespräsident, erstmals als Staatsmann gefordert, schrak vor einer Konfrontation mit diesem Kanzler zurück und gab ihm grünes Licht. Am Ende beugten sich auch die Verfassungsrichter. Statt der Willkürentscheidung dieses und künftiger Kanzler einen Riegel vorzuschieben, öffneten die Verfassungshüter den Weg zur weiteren Destabilisierung des parlamentarischen Systems. Das Ergebnis sehen wir.

Mag sein, dass Politik eine Art Roulette ist und dass sie dem verzeiht, der gewinnt. Doch genau dies war es, was die Väter des Grundgesetzes ein für alle mal verhüten wollten: Das Parlament als Schaubühne politischer Glücksritter.

„Bonn ist nicht Weimar“ hieß ein Bestseller in den Sechzigerjahren. Dessen können wir heute nicht mehr so sicher sein. Es war die dramatisch anschwellende Arbeitslosigkeit, die die NSDAP in nur vier Jahren von 2,6 Prozent auf über 37 Prozent katapultierte und damit zur stärksten Kraft im Deutschen Reich machte.

So weit sind wir noch nicht und werden es hoffentlich auch niemals wieder sein. Doch das Grundvertrauen in die Dauerhaftigkeit und Unantastbarkeit der sozialen Schutzsysteme ist erschüttert, das Einverständnis mit dem politischen System einer tiefen Verunsicherung gewichen.

Die Entpolitisierung der Gesellschaft rächt sich jetzt. Demokratie bedeutet Mitverantwortung und Mitwirkung des Volkes in den existenziellen Fragen des Gemeinwesens. Genau dies findet in Deutschland nicht statt. Alle wesentlichen Entscheidungen in der Geschichte der Bundesrepublik wurden ohne direkte Beteiligung des Volkes getroffen: von der Staatsgründung über Wiederbewaffnung und Wiedervereinigung bis zur Europa-Verfassung. Kein Wunder, dass die Entfremdung zwischen Regierten und Regierenden von Jahr zu Jahr gewachsen ist: auf der einen Seite die Arroganz der Macht, die die Fähigkeit zur Kommunikation mit dem Volk verloren hat. Auf der anderen Seite eine Mentalität zynischer Gleichgültigkeit und Ablehnung gegen „die da oben“, denen man nicht mehr zutraut, die Probleme beheben zu können.

Dabei nähert sich der Zeitpunkt, an dem sich die entscheidende Frage stellt. Ist ein System, das – bei boomender Exportwirtschaft und Rekordgewinnen an der Börse – Jahr für Jahr Millionen Menschen auf die Straße setzt, wirklich die beste aller denkbaren Welten? Noch ist die Frage tabu, doch sie wird lauter werden. Und sie verlangt eine Antwort.

Die „Schöne Neue Welt“, die der Engländer Aldous Huxley vor 90 Jahren in einer sarkastischen Vision beschrieben hat, ist Wirklichkeit geworden und diktiert uns ihre Verheißungen. Ihr Zauberwort: Flexibilität. **Der Mensch aber ist nicht auf Flexibilität angelegt, sondern auf das Gegenteil. Er sucht Stabilität und Sicherheit. Er will nicht Wechsel, sondern Kontinuität. Er sehnt sich nicht nach Mobilität, sondern nach Sesshaftigkeit und Heimat.** Dies ist das Problem von Gerhard Schröder gewesen und ist es von Angela Merkel. Solange sie der Kernfrage ausweichen, wird ihr die Wählerschaft weiter wegbröckeln.

Wir sind das Volk – leider. Wir wissen auch nicht weiter, und wir sind auch nicht klüger als ihr, die wir gewählt haben.

Aber eine Bitte möchten wir euch für die nächsten vier Jahre mit auf den Weg geben – falls es vier Jahre werden sollten, worauf ja nun kein Verlass mehr ist: Behandelt uns nicht wie Idioten, das nehmen wir nämlich übel.

Versucht nicht mehr, uns ein X für ein U vorzumachen, wir können nämlich auch rechnen.

Und hört auf mit dieser Formelsprache, sondern redet mit uns wie mit erwachsenen Menschen.

Und sagt bitte nie mehr „Schnittmenge“. Dafür muss es noch ein anderes Wort geben – schaut mal in den Duden.

D_L Name: ______________________ Datum: ______________

Wir sind das Volk – leider

❶ Der vorliegende Text ist dem Buch „Der blinde Adler – Reflexionen über Deutschland" entnommen. Beschreiben Sie die Zeichnung von Hannes Binder auf der rechten Seite. (LKS 1)

____

____

____

❷ Alle acht Fremdwörter sind aus dem Text entnommen. Tragen Sie diese richtig ein. (LKS 2)

1. unumschränkter Herrscher	S _ _ _ _ _ _ _
2. Anmaßung, Überheblichkeit, Dünkel	A _ _ _ _ _ _ _
3. Denkweise, Denkhaltung, Denkart	M _ _ _ _ _ _ _ _ _
4. Zeitungen (abwertend)	G _ _ _ _ _ _ _
5. Bedenken, Gewissensbisse	S _ _ _ _ _ _
6. bissig-spöttisch, höhnisch, verletzend	Z _ _ _ _ _ _
7. Einstellung, Haltung, Gebärde	A _ _ _ _ _ _ _
8. Vorherseher der Zukunft (Vogelschauer)	A _ _ _ _ _ _

❸ Wie heißen die sieben Politiker? Ihre Namen sind alle im Text zu finden. Schreiben Sie diese unten auf die Zeilen. (LKS 3)

① ______________________

② ______________________

③ ______________________

④ ______________________

⑤ ______________________

⑥ ______________________

⑦ ______________________

Wir sind das Volk – leider

❶ Der vorliegende Text ist dem Buch „Der blinde Adler – Reflexionen über Deutschland" entnommen. Beschreiben Sie die Zeichnung von Hannes Binder auf der rechten Seite. (LKS 1)

Der deutsche Bundesadler lässt seine Flügel hängen, die Blindenbinde trägt er am linken Arm, sein Blindenstock liegt am Boden. Das (politische) Wetter ist miserabel.

❷ Alle acht Fremdwörter sind aus dem Text entnommen. Tragen Sie diese richtig ein. (LKS 2)

1. unumschränkter Herrscher		S	O	U	V	E	R	Ä	N	
2. Anmaßung, Überheblichkeit, Dünkel		A	R	R	O	G	A	N	Z	
3. Denkweise, Denkhaltung, Denkart	M	E	N	T	A	L	I	T	Ä	T
4. Zeitungen (abwertend)		G	A	Z	E	T	T	E	N	
5. Bedenken, Gewissensbisse			S	K	R	U	P	E	L	
6. bissig-spöttisch, höhnisch, verletzend			Z	Y	N	I	S	C	H	
7. Einstellung, Haltung, Gebärde		A	T	T	I	T	Ü	D	E	
8. Vorherseher der Zukunft (Vogelschauer)	A	U	G	U	R	E	N			

❸ Wie heißen die sieben Politiker? Ihre Namen sind alle im Text zu finden. Schreiben Sie diese unten auf die Zeilen. (LKS 3)

① *Konrad Adenauer*
② *Helmut Kohl*
③ *Angela Merkel*
④ *Willy Brandt*
⑤ *Gerhard Schröder*
⑥ *Ludwig Erhard*
⑦ *Norbert Blüm*

Hubert Albus: Lesekompetenz effektiv fördern 10 • Best.-Nr. 878 © Brigg Pädagogik Verlag GmbH, Augsburg

D_L	Name: ______________________	Datum: ______________

❹ Können Sie aus dem Kontext das Wort „Homunkulus“ (Z. 32) erklären? Das Wort „homo“ stammt aus dem Lateinischen und heißt „Mann, Mensch“. LKS 3

___

❺ „Das Volk hat sich nicht entschieden“, schrieb die Frankfurter Allgemeine Zeitung nach der letzten Bundestagswahl (Z. 59). Wie äußert sich Heinrich Jaenecke dazu? LKS 4

___

___

___

❻ Ex-Kanzler Gerhard Schröder wird in Jaeneckes Essay äußerst kritisch beurteilt. Geben Sie das kritische Bild, das Jaenecke entwirft, mit eigenen Worten kurz wieder. LKS 4

___

___

___

___

❼ Was hält der Autor von dem heute so oft gebrauchten Zauberwort „Flexibilität“? Fassen Sie seine Meinung in nur einem Satz zusammen. LKS 4

___

___

❽ Beschreiben und interpretieren Sie die Illustration auf der Seite 70. Hannes Binder gibt seiner Zeichnung den Titel „Deutschland – nah am Abgrund“. LKS 5

___

___

___

❾ Was in der Illustration unten zu sehen ist, wird landläufig als „Sisyphusarbeit“ bezeichnet. Klären Sie diesen Begriff. Inwiefern lässt sich die Zeichnung auch auf die aktuelle bundesdeutsche Politik übertragen? LKS 5

___

___

___

___

___

___

___

___

D_L	Lösung

❹ Können Sie aus dem Kontext das Wort „Homunkulus“ (Z. 32) erklären? Das Wort „homo“ stammt aus dem Lateinischen und heißt „Mann, Mensch“. LKS 3

lat. „Menschlein“ ist ein künstlich geschaffener Mensch (z. B. Golem, Frankenstein)

❺ „Das Volk hat sich nicht entschieden“, schrieb die Frankfurter Allgemeine Zeitung nach der letzten Bundestagswahl (Z. 59). Wie äußert sich Heinrich Jaenecke dazu? LKS 4

Er wirft der Zeitung Verachtung und Arroganz gegenüber dem „kleinen Mann“, dem Wähler, vor. Das Volk hat wohl entschieden, hat eingeübte Denkweisen aufgegeben und kritischer und differenzierter gedacht. Auch Wahlverdrossenheit und Wahlverzicht haben politische Motive.

❻ Ex-Kanzler Gerhard Schröder wird in Jaeneckes Essay äußerst kritisch beurteilt. Geben Sie das kritische Bild, das Jaenecke entwirft, mit eigenen Worten kurz wieder. LKS 4

Mit dem Bild des jovialen, weltmännischen Kanzlers Schröder, der Modernisierung und Aufbruch verheißt, räumt Jaenecke gehörig auf. Als Regierungschef ohne politisches Konzept, eher einer Spielernatur vergleichbar, hinterlässt er einen Trümmerhaufen: stagnierende Renten, sozialen Kahlschlag, Explosion der Gesundheitskosten, hohe Arbeitslosigkeit und Rekordstaatsverschuldung.

❼ Was hält der Autor von dem heute so oft gebrauchten Zauberwort „Flexibilität“? Fassen Sie seine Meinung in nur einem Satz zusammen. LKS 4

Er hält gar nichts davon, denn der Mensch sucht von Natur aus Stabilität und Sicherheit, er sehnt sich nach Kontinuität, Sesshaftigkeit und Heimat. Erfüllt wird dieses Grundbedürfnis von der Politik nicht.

❽ Beschreiben und interpretieren Sie die Illustration auf der Seite 70. Hannes Binder gibt seiner Zeichnung den Titel „Deutschland – nah am Abgrund“. LKS 5

Einige Bundesbürger sitzen scheinbar entspannt auf einer Bank, die sich aber als Fluss entpuppt, der als Wasserfall in einen Abgrund führt. Bedrohlich wirken die düsteren, monotonen Hochhäuser und der verschmutzte Platz. Deutschland steuert auf eine schlimme Krise zu.

❾ Was in der Illustration unten zu sehen ist, wird landläufig als „Sisyphusarbeit“ bezeichnet. Klären Sie diesen Begriff. Inwiefern lässt sich die Zeichnung auch auf die aktuelle bundesdeutsche Politik übertragen? LKS 5

In der griechischen Mythologie wird Sisyphos zu einer ewig währenden Strafe verurteilt, weil er die Götter gefrevelt hat. Er muss einen Felsblock einen steilen Berg hochrollen. Am Ziel entgleitet ihm der Stein und Sisyphos muss wieder von vorne beginnen. Übertragen bedeutet das kaum bewältigbare politische und wirtschaftliche Probleme (Finanzierung der Rettungsschirme für EU-Schuldnerstaaten, Finanzierung der Renten).

Lesetest: Ich will, ich will, ich will

Der halbe Mann: Dem Leben Beine machen

Bei einem Verkehrsunfall verlor Florian Sitzmann beide Beine. Heute ist er Familienvater, Kaufmann und Leistungssportler

Sein Körper endet mit dem Becken. Florian Sitzmann ist 36 Jahre alt, ein athletischer Typ mit wachen Augen und offenem Lachen. In seinem Rollstuhl bewegt er sich sicher durch den Alltag. Schon nach kurzer Zeit in seiner Gegenwart vergisst man, warum er sich selbst einen „halben Mann" nennt.

Als 15-Jähriger verlor er bei einem Verkehrsunfall die Beine. Wie er nach diesem Unglück weitermachte, beschreibt Sitzmann in seinem Buch, das soeben erschienen ist. Es ist die Geschichte eines von jährlich rund 9000 Opfern schwerer Motorradunfälle, die Geschichte eines von ungezählten Menschen, die einen Schicksalsschlag erlitten haben. Und trotzdem ist es eine besondere Geschichte. Sitzmann berichtet über den unbedingten Lebenswillen eines Jugendlichen, der an seinem 16. Geburtstag auf der Intensivstation erwacht und erfährt, dass er ein Krüppel ist. Ohne die Unterstützung von Psychologen, Selbsthilfegruppen oder professionellen Ratgebern beweist er sich als resistent gegen Verzweiflung und versagt sich, quasi als Selbsttherapie, den Blick zurück auf sein Dasein als kompletter Mensch.

Der Unfall, der Sitzmanns Körper halbierte und sein Leben in ein Davor und Danach teilte, ereignete sich im Sommer 1992 auf der A 61. Er und sein Freund stoppten bei der Rückfahrt von einer übermütigen Motorradtour nach Holland an der Raststätte Hunsrück. Es war Nacht, es regnete, die beiden waren übermüdet und hatten nur einen Gedanken: „Noch 80 Kilometer bis nach Hause, in einer Dreiviertelstunde haben wir es geschafft." Beim Auffahren auf die Autobahn driftete das Motorrad zu weit nach links und geriet zwischen einen Lastwagen und dessen Anhänger. „Es kam ein Knall, ich flog durch die Luft. Ich dachte: Scheiße, was ist denn jetzt passiert. Schmerzen hatte ich keine, erinnert sich Sitzmann, damals noch 2,04 Meter groß, Hobbybasketballer, Berufswunsch Schreiner. Sein Freund, der Fahrer des Motorrads, fiel in den Grünstreifen und blieb unverletzt.

Eine Woche später wachte Sitzmann aus dem künstlichen Koma auf und bat die Eltern, die an seinem Bett standen, mit noch heiserer Stimme: „Meine Beine sind so schwer, legt sie mal anders hin." Der Vater nahm ihn in den Arm: „Erinnerst du dich an den Unfall? Was meinst du, was von Beinen übrig bleibt, wenn ein Laster drübergefahren ist?"

Nun begann, was Sitzmann heute, 17 Jahre später, als „Glücksgeschichte" bezeichnet – ein Anfang mit großer Naivität und konsequentem Ignorieren. Septische Wunden, Besorgnis erregende Laborwerte, Nierenversagen – das interessierte ihn nicht. „Ich habe mir vorgestellt, nächste Woche komme ich nach Hause." Nicht über eine Situation grübeln, die sich nicht ändern lässt, war seine Devise.

Dann, als sicher war, dass er auch am folgenden Morgen wieder aufwachen werde, trieb ihn ein ungeduldiges „Ich will" an: gesund werden, selbstständig wohnen, Auto fahren, arbeiten, Geld verdienen, tolle Sachen kaufen, Kumpels treffen, Mädchen kennenlernen. Selbstverständlichkeiten für Jugendliche mit zwei Beinen, Utopien für einen Schwerbehinderten, der 50 Operationen und vier Jahre in Kliniken vor sich hat. Für Florian Sitzmann waren es Zukunftspläne. In einem Leben als bedauernswerter und rundum versorgter Invalide wollte er sich nicht einrichten.

Erste Fortschritte bestätigten ihn. Der Genesende schaute stur auf seine Ziele. Die Jungfernfahrt im Rollstuhl endete zwar mit einem Sturz, hatte ihn aber zur Würstchenbude gegenüber vom Krankenhaus gebracht. An seinem 18. Geburtstag – inzwischen wohnte er in einem Behindertenzentrum bei Heidelberg – bestand er die Führerscheinprüfung. Er verliebte sich und zog mit seiner Freundin zusammen. In einem Reha-Fachhandel machte der Rollstuhlfahrer eine kaufmännische Ausbildung und bekam Zugang zu technischen Neuerungen, mit denen er die Grenzen, die sein neuer Körper ihm setzte, verschieben konnte. Er lernte Querschnittsgelähmte kennen, die Trekking- oder Segeltouren unternahmen. Er besuchte Partys. Kreuzte nachts mit seinem auffälligen Lotus Super Seven („Da glotzen die Leute we-

wenigstens wegen des Autos“), den er von dem von der Versicherung gezahlten Schmerzensgeld finanziert hatte, durch die Straßen. Er lernte den Sänger Xavier Naidoo kennen und engagierte sich für dessen Straßenkinderprojekt. Er heiratete und bekam eine Tochter. Und er fand seine Sportdisziplin: Radfahren.

Als Handbiker erkämpfte sich Sitzmann den Titel des Vizeweltmeisters und nahm 2004 an den Paralympics in Athen teil. Beim Norwegen-Rennen von Trondheim nach Oslo, der großen Herausforderung für alle Marathonfahrer, stellte er einen neuen Rekord auf. 540 Kilometer und 4500 Höhenmeter legte Florian Sitzmann in 30 Stunden und 30 Minuten zurück. Als Sportler errang er zahlreiche Medaillen, die seine mentale Stärke für alle sichtbar belohnten.

Treuer Begleiter auf den Etappen ist sein Freund Stefan Dehmer. Er fuhr damals das Motorrad und wurde vom Gericht zum Unfallverursacher erklärt. „Weder Florian noch seine Eltern haben mir gegenüber jemals von Schuld gesprochen“, sagt der heute 41-jährige Erzieher. Er erinnert sich detailgenau an den Moment, als er, von Selbstvorwürfen zerfressen, beklommen die Intensivstation betrat, wo sein Freund ums Überleben kämpfte. „Er sah mich an, und ich wusste, es geht weiter mit uns.“ Über den Unfall und die Situation des Verunglückten sprachen die beiden jahrelang nicht. „Er hat es mir leicht gemacht“, meint Dehmer, der Patient habe sich nie beklagt. „Wir haben uns gegenseitig gebraucht“, glauben beide, und Dehmer, der Nachdenklichere, weiß, er hat von dem Jüngeren eine wichtige Lebenseinstellung gelernt: „Es geht immer nur um die eine Frage: ‚Wie geht es weiter?‘ “

D L | Name: ______________________ | Datum: ______________________

Lesetest: Ich will, ich will, ich will

❶ Wie heißen die beiden Hauptpersonen des Textes? (4) LKS 1

____

____

❷ Beschreiben Sie kurz, was bei diesem Unfall geschah? Wie war die Reaktion des Verunglückten? (4) LKS 2

____

____

____

____

____

❸ Florian Sitzmann hat sich trotz seiner Behinderung eine positive Lebenseinstellung bewahrt. Zitieren Sie vier Textstellen. (4) LKS 2

____

____

____

____

❹ Alle acht Fremdwörter sind aus dem Text entnommen. Tragen Sie diese richtig ein. Das Lösungswort bedeutet übersetzt soviel wie „durch Krankheitserreger verunreinigt". (9) LKS 3

1. Wahlspruch, Leitspruch
2. persönliches Bemühen; Anstellung
3. vollständig, abgeschlossen
4. Unbefangenheit, Einfältigkeit
5. nicht wissen wollen, nicht beachten
6. erfahren, qualifiziert; beruflich
7. in der Seelenkunde tätiger Mensch
8. Wiederherstellung (Kurzwort)

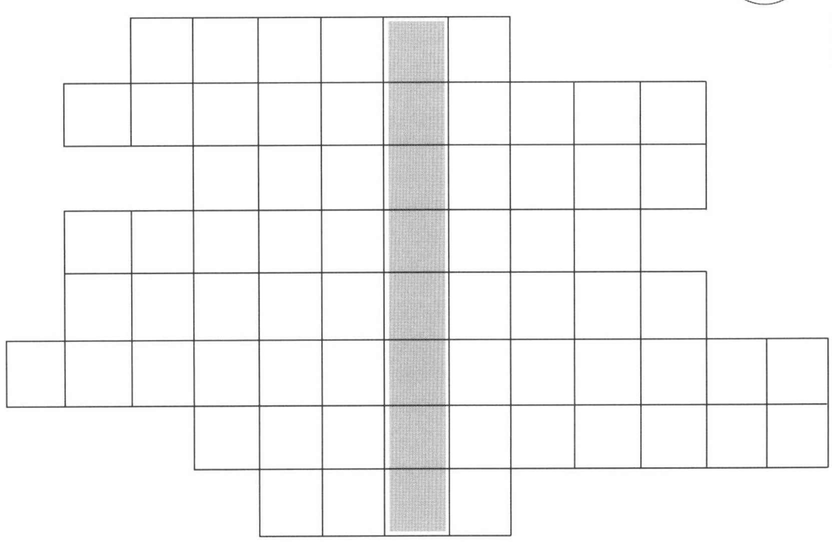

❺ Betrachten Sie den Umschlag von Sitzmanns Buch „Der halbe Mann". Stellen Sie eine Verbindung zwischen der Umschlagsgestaltung und dem Artikel her. (4) LKS 3

____

____

____

Lesetest: Ich will, ich will, ich will

❶ Wie heißen die beiden Hauptpersonen des Textes? (4)

Florian Sitzmann (36), Kaufmann und Leistungssportler

Stefan Dehmer (41), Erzieher

❷ Beschreiben Sie kurz, was bei diesem Unfall geschah? Wie war die Reaktion des Verunglückten? (4)

Stefan Dehmer driftet mit seinem Motorrad bei der Auffahrt auf die Autobahn zu weit links und gerät unter einen Lastwagen mit Anhänger. Der hinten sitzende Florian Sitzmann verliert dabei beide Beine. Er ignoriert zu Beginn das Ereignis, er grübelt nicht, er will unbedingt gesund werden.

❸ Florian Sitzmann hat sich trotz seiner Behinderung eine positive Lebenseinstellung bewahrt. Zitieren Sie vier Textstellen. (4)

Er besteht die Führerscheinprüfung, zieht mit seiner Freundin zusammen, macht eine kaufmännische Ausbildung, fährt einen Sportwagen und besucht Partys. Er engagiert sich für Straßenkinder, heiratet und bekommt eine Tochter. Er beginnt mit dem Leistungssport und wird Vizeweltmeister im Handbike.

❹ Alle acht Fremdwörter sind aus dem Text entnommen. Tragen Sie diese richtig ein. Das Lösungswort bedeutet übersetzt soviel wie „durch Krankheitserreger verunreinigt". (9)

1. Wahlspruch, Leitspruch			D	E	V	I	S	E					
2. persönliches Bemühen; Anstellung		E	N	G	A	G	E	M	E	N	T		
3. vollständig, abgeschlossen				K	O	M	P	L	E	T	T		
4. Unbefangenheit, Einfältigkeit		N	A	I	V	I	T	Ä	T				
5. nicht wissen wollen, nicht beachten		I	G	N	O	R	I	E	R	E	N		
6. erfahren, qualifiziert; beruflich	P	R	O	F	E	S	S	I	O	N	E	L	L
7. in der Seelenkunde tätiger Mensch				P	S	Y	C	H	O	L	O	G	E
8. Wiederherstellung (Kurzwort)					R	E	H	A					

❺ Betrachten Sie den Umschlag von Sitzmanns Buch „Der halbe Mann". Stellen Sie eine Verbindung zwischen der Umschlagsgestaltung und dem Artikel her. (4)

Florian Sitzmann ist, körperlich gesehen, nur ein halber Mann, denn ihm fehlen beide Beine. Wenn sein Gesicht auf dem Buchtitel nur halb zu sehen ist, passt das zu seinem Schicksal. Sein starker Wille offenbart sich auch in seinem entschlossenen Blick und seinem kantigen Gesicht.

D_L	Name: ______	Datum: ______

❻ Sitzmanns Freund ist bei diesem Unfall körperlich unversehrt geblieben. Dennoch hat das Geschehen auch bei ihm deutliche Spuren hinterlassen. Erläutern Sie kurz. (5) LKS 4

❼ Im Text unten finden Sie einen Auszug aus dem Grundgesetz und dem Behindertengleichstellungsgesetz. Trotz dieser gesetzlichen Bestimmungen werden Behinderte täglich mit Problemen konfrontiert. Zeigen Sie dies an drei Beispielen auf. (6) LKS 5

> Art. 3 GG: ³ Menschen mit Behinderungen dürfen nicht benachteiligt werden.
> § 7 BGG: ² Der Staat setzt sich für gleichwertige Lebensbedingungen von Menschen mit und ohne Behinderungen ein. (gekürzt)

❽ Nick Vujicic heißt der 30-jährige Australier auf dem Foto. Er kam ohne Arme und Beine zur Welt und bewältigt seinen Alltag ohne größere Probleme. Er ist verheiratet, surft, spielt Golf, geht angeln und ist Motivationstrainer. LKS 5
„Wo eine Wille ist, ist auch ein Weg.“ Schreiben Sie kurz einige Argumente auf. (14)

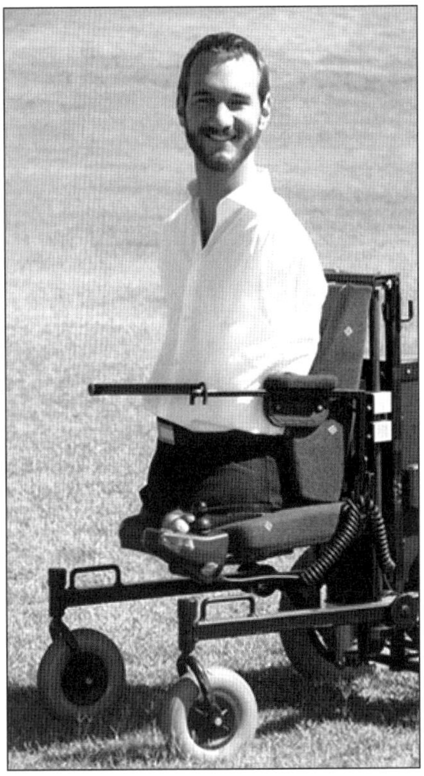

50

❻ Sitzmanns Freund ist bei diesem Unfall körperlich unversehrt geblieben. Dennoch hat das Geschehen auch bei ihm deutliche Spuren hinterlassen. Erläutern Sie kurz. (5)

LKS 4

Stefan Dehmer als Unfallverursacher erinnert sich noch heute an den tragischen Vorfall. Er machte er sich Vorwürfe, aber Florian nahm ihm nichts übel. Auch heute weiß Stefan um seine Schuld, doch als Gefühl steht Dankbarkeit im Vordergrund. Stefan begleitet Florian treu und fürsorglich auf dessen weiterem Lebensweg.

❼ Im Text unten finden Sie einen Auszug aus dem Grundgesetz und dem Behindertengleichstellungsgesetz. Trotz dieser gesetzlichen Bestimmungen werden Behinderte täglich mit Problemen konfrontiert. Zeigen Sie dies an drei Beispielen auf. (6)

LKS 5

Art. 3 GG:	3 Menschen mit Behinderungen dürfen nicht benachteiligt werden.
§ 7 BGG:	2 Der Staat setzt sich für gleichwertige Lebensbedingungen von Menschen mit und ohne Behinderungen ein. (gekürzt)

- *Probleme für Behinderte treten auf, wenn es um behindertengerechte Verkehrsmittel, Toiletten, Eingangstüren, Wohnungen etc. geht.*
- *Distanzlosigkeit und Neugier, aber auch übertriebenes Mitleid gegenüber behinderten Menschen ist oft peinlich und provoziert aggressives Verhalten auf beiden Seiten.*
- *Oft finden Behinderte keinen adäquaten Arbeitsplatz, weil ihnen mit Vorurteilen begegnet wird.*

❽ Nick Vujicic heißt der 30-jährige Australier auf dem Foto. Er kam ohne Arme und Beine zur Welt und bewältigt seinen Alltag ohne größere Probleme. Er ist verheiratet, surft, spielt Golf, geht angeln und ist Motivationstrainer.
„Wo eine Wille ist, ist auch ein Weg." Schreiben Sie kurz einige Argumente auf. (14)

LKS 5

I) Wo ein Wille ist, ist ein Weg zum Erfolg

- *Lerneinsatz in der Schule (gute Proben und Prüfungen)*
- *Engagement im Beruf (Weiterbildung, Aufstieg)*
- *Abbau von Hemmungen (positives Denken)*
- *Überwindung körperlicher Defizite (Training, Disziplin)*
- *Streben nach Glück und Zufriedenheit im privaten Bereich*

II) Trotz Willensanstrengung ist ein Erfolgsweg nicht möglich

- *zu große körperliche und/oder geistige Defizite*
- *überzogenes Anspruchsdenken*
- *soziologische Einflüsse (Milieu)*
- *wirtschaftliche Einflüsse (Arbeitsmarkt)*

50

Textnachweis

S. 5/6: Reinhold Ziegler, Die Brücke. Aus: Reinhold Ziegler, Der Straßengeher © Verlag Beltz & Gelberg, Weinheim
Abschlussprüfung zum Erwerb des Mittleren Schulabschlusses 2009 (modifiziert)
S. 11/12: Thomas Fuchs, Alleingelassen © Arena Verlag, Würzburg 2008
Abschlussprüfung zum Erwerb des Mittleren Schulabschlusses 2011 (modifiziert)
S. 17/18: Wolfgang Borchert, Das Holz für morgen. Aus: Wolfgang Borchert, Die traurigen Geranien und andere Geschichten aus dem Nachlass © Rowohlt Verlag, Reinbek bei Hamburg 1962
S. 23/24: Gerd Fuchs, Ein Mann fürs Leben © Rowohlt Verlag, Reinbek bei Hamburg 1987
S. 29/30: Horst Lange, Was ich nie vergessen werde ... Aus: Der Ruf © Verlag Der Ruf, München 1946
S. 35: Irina Korschunow, Ein Haus mit Dach. Aus: Jo Pestum (Hrsg.), Anfangen, glücklich sein © Arena Verlag, Würzburg 1979
S. 41/42: Mit Optimismus in die Zukunft. Nach: Die Zeit, 16. September 2010
Abschlussprüfung zum Erwerb des Mittleren Schulabschlusses 2011 (modifiziert)
S. 47/48: Markus Balser, Der Atomausstieg und die Folgen © sueddeutsche.de, 30. Juni 2011
S. 49/50: Patrick Illinger, Was Strom kosten darf – Die Energie-Lüge © sueddeutsche.de, 2. April 2011
S. 55/56: Ulrich Wickert, Menschenwürde als Prinzip. Aus: Ulrich Wickert, Der Ehrliche ist der Dumme. Über den Verlust der Werte (geändert) © Heyne Verlag, München 1996
Abschlussprüfung zum Erwerb des Mittleren Schulabschlusses 2009 (modifiziert)
S. 61/62: Ingrid Strobl, Frauenbewegung – der Kampf für Gleichberechtigung. planet-wissen vom 3. Mai 2011 © WDR/SWR/BR-alpha, 2012
S. 62: Wichtige rechtliche Stationen zur Emanzipation in Deutschland © Wikipedia
S. 67/68:Heinrich Jaenecke, Wir sind das Volk – leider. Essay aus: Der blinde Adler – Reflexionen über Deutschland © Ellert & Richter Verlag, Hamburg 2010
S. 75/76: Susanne Wittlich: Ich will, ich will, ich will © Focus Nr. 40, 26. September 2009
Abschlussprüfung zum Erwerb des Mittleren Schulabschlusses 2010 (modifiziert)

Bildnachweis

S. 7/8: Pont de Normandie © Spinool. flickr-fotosharing ; spassbaron.de/tag/base-jumping
S. 9/10: Vater und Sohn. www.martinpreisendanz.de; Brücke von Mostar © AP; Film: In einer besseren Welt © Universum; Mark Twain, 1907. Quelle nicht bekannt
S. 13/14: Thomas Fuchs, Alleingelassen. Cover; Oft fühlen wir uns im Leid allein gelassen. BilderBox.com
S. 15/16: Menschenwürdig sterben. Achim Pohl; Alter Mann in Rolltuhl mit junger Frau. Aus: Berliner Akzente. colourbox.com
S. 19/20: Holzsammler im Schnee © Julius Strakosch, 1896; Wohnungsnot 1945 © dpa; on-stage.me/images/start/0209_Waschfrauen_sw.jpg; Volkssturm. www.zimbio.com/Holocaust+Research+Project/art...
S. 25/26: Otto Nagel: Arbeitsloser, 1928. Schwarze Kreide. Berlin, Staatliche Museen;
S. 27/28: Karikatur. Klaus Stuttmann, 10. März 2010
S. 31/32: Cover. A. Lee Martinez, Die Kompanie der Oger © Piper Verlag München, 2007; Aus: „Faneflugt"/„Deserters" © Freiheitsmuseum, Kopenhagen; Kriegsgefangener © germanhistorydocs.ghi-de; Sterbender Soldat, soldatgefallen.jpg; Holocaust: doarcuvinte.files.wordpress.com/ 2009/10/holocaust
S. 33/34: Der Krieg (1903). Aus: Alfred Kubin, Das lithografische Werk. Hirmer Verlag, München 1999 © Städtische Galerie im Lenbachhaus, München 1999; Hans Schweizer, Volkssturm, Propagandaposter, 1944; Hans-Georg Henke (16), Adjudant der Luftwaffe in Berlin, Mai 1945 © Bildarchiv Preußischer Kulturbesitz
S. 37/38: Musterhaus. www.kups-immobilien.de/assets/images/Musterhaus; Bungalow. www.cgarchitect.com/vb/archive/t-37643/luning 24.html; Nürnberg, Neue Gasse © Bildarchiv Foto Marburg
S. 39/40: Mann/Frau. www.klatschmagazin.com; Liebespaar © www.123rf.com
S. 43/44: Globus: stud.euro.ubbcluj.ro/~hn119g/globalisierung01.jpg;
S. 45/46: Karikatur. Aus: Abschlussprüfung Mittlere Reife 2011 Bayern. Quelle nicht ermittelbar
S. 51/52: Atomkraftwerk Biblis A © DAPD;
S. 53/54: www.keepbanderabeautiful.org/ bearspringsbloss. Vereinszeitung Nr. 53; Karikatur von Schilling&Blum, de.toonpool.com/.../familienbande_1352035.jpg
S. 57/58: Das Mädchen Kim Phuc (9). Foto: Nick Út; Der südvietnamesische Polizeichef Nguyen Ngoc-Loan erschießt am 1. Februar 1968 den Vietkong-Captain Nguyen Van Lem. Foto: AP
S. 59/60: Karikatur. Aus: Sempé, Um so schlimmer. Deutscher Taschenbuch Verlag, München 1972 © Diogenes Verlag AG, Zürich 1971; Karikatur. Aus: Industriegewerkschaft Medien (Hrsg.): Ausbildungswege zum Journalismus, Stuttgart 1993; Karikatur. Aus: Tomi Ungerer, Babylon © Diogenes Verlag AG, Zürich 1979
S. 63/64: Demo § 218. Bundesarchiv, Bild 145 o. Ang., 1. Juni 1988; Cover. Simone de Beauvoir: Das andere Geschlecht © Rowohlt Verlag, Reinbek 2000; 1. Mai 1980. Demonstrantinnen © Stiftung Bruno Kreisky Archiv
S. 65/66: Wir haben abgetrieben. Aus: Stern, 6 Juni 1971 © Gruner+Jahr, Hamburg; Titelseite Emma, 27.01.2007
S. 70: Illustration: Hannes Binder
S. 71/72: Illustration: Hannes Binder; Adenauer, Bundesarchiv, B 145 Bild-F078072-0004/Katherine Young/CC-BY-SA; Kohl, www.klinikticker.de; Merkel, dpa; Erhard, ddp; Schröder, www.niedersachsen.de
S. 73/74: Illustration: Hannes Binder
S. 77/78: Cover. Der halbe Mann © Gütersloher Verlagshaus, 2009
S. 79/80: Nick Vujicic. www.attitudeisaltitude.com